考释百家姓

沙舟 著

中山大学出版社
·广州·

图书在版编目（CIP）数据

考释百家姓/沙舟著．—广州：中山大学出版社，2009.4

ISBN 978-7-306-03279-9

Ⅰ．考…　Ⅱ．沙…　Ⅲ．①汉语—古代—启蒙读物 ②百家姓—研究　Ⅳ．H194.1

中国版本图书馆 CIP 数据核字（2009）第 024089 号

出 版 人：叶侨健
策划编辑：孙新章
书名题字：陈颂声
责任编辑：施国胜
封面设计：林绵华
责任校对：孙新章
责任技编：黄少伟
出版发行：中山大学出版社
电　　话：编辑部 020-84111996，84113349
　　　　　发行部 020-84111998，84111981，84111160
地　　址：广州市新港西路 135 号
邮　　编：510275　　传　真：020-84036565
网　　址：http://www.zsup.com.cn　E-mail：zdcbs@mail.sysu.edu.cn
印 刷 者：广州中大印刷有限公司
规　　格：880mm×1230mm　1/32　9.25 印张　190 千字
版次印次：2009 年 4 月第 1 版　2012年5月第4次印刷
定　　价：23.00 元

本书如发现因印装质量问题影响阅读，请与出版社发行部联系调换

前　言

笔者应聘撰写并且出版了《仑头村史》、《黄埔村史》、《小洲村史》、《官洲村史》以及最近的《谢村村史》等11部拙作，在介绍各村的人文历史和探讨开村者以及迁徙者之时，均必然涉及其姓氏的渊源和来历。所以，依据北宋初年人编写的《百家姓》、清·王相又以该本笺注的《百家姓考略》，对笔者的启发和帮助是很大的。

不过，清·王相的《百家姓考略》流传至今，毕竟读得懂、看得明白的人恐怕不多了，而一知半解甚至不求甚解的人会更多一些。笔者发现《百家姓考略》中，也有不同程度的疵点和误解。也许因此，令部分现存的族谱在其姓氏源由的说法也出现讹传、疵瑕。

因此，笔者以为很有必要以清·王相《百家姓考略》（下称原文）作为媒介，去翻查《国语》、《春秋左传》、《史记》、《二十五史》、《中国通史》等，以及有关史料、文献；然后，将自己学习的心得和见解，拟作《考释百家姓》，旨意还原历史，求知才能致用，献之绵力。

沙舟

丁亥年立秋于秀水

目　录

分析姓氏源由

分析姓氏源由

有史以来，血缘是人类团结的重要因素之一，而姓氏是最能代表血缘关系的标志，此可由周代宗法和封建制度是建立在分封姓氏的基础上得到证明。

人类最初的原始社会结构，最早的也是血族团体；只不过这些血族团体基础则以女子为中心（即约一万七千多年前人类原始时代的新人阶段之母系氏族公社）。因为，当时两性的伦常关系未定，而且处在渔猎的生活状态中，男子的流动性很大，性交关系不像现在所提倡的婚姻，以一夫一妻制；所以，古时代的子女往往不认识自己的亲生父亲。即使可知，也不如母亲亲密。反之，女子由于生育、抚养的关系，需要结群居住，而且其群居并不限于两代母及同母人，又有母的母、母的同母等，故此便逐渐形成一些庞大的血族团体。

一直到有文字记载（以至今公认的有关记事文字——殷商王朝的甲骨文为始；据考证，甲骨文是公元前一千三百多年到一千一百多年间的一种通行字体），尤其到汉代史学巨匠司马迁，他在整理春秋战国时代的各类文献和资料的基础上，结合史前史的传说（“史前史”，即是尚未有文字之前的历史。我国史学家则把没有确切文字记载，而由口耳传说构成的历史，称为“史前史”或称为中国古史的传说时代）撰写成非凡的力作《史记》。司马迁为了分门别类、有系统地便利于写作，首先将人类最初的社会结构血族团体，

称之为“母系氏族”，并冠之某姓：每一个母姓氏族，都有一个名称，即所谓的“姓”（《史记》卷三、卷四）。

故此，母系氏族的所谓的“姓”，则不可当真。

所以，说女子称“姓”，人类也的确从“女”而“生”，是最早的说法也是合情合理的。

然而，其后乃至现代，其“姓代表血统的渊源，经千万年而不变”，则指由于社会经济形态的改变，男女关系也随着社会时代的改变，不须由男子入居女家，而由女子下嫁男子，社会组织也转变为以男子为中心，因此母系氏族社会逐渐转变为父系氏族社会，“姓”也转变为以男子为主了。此由商周自契稷以即奉契稷为始祖，可为之证明。

所谓“氏”，即表示一姓中的枝（支）派，如后稷的后代，沿袭于母系氏族的所谓“姓”为“姬姓”，周公封于周，就以周为氏；他的儿子伯禽封于鲁，就以鲁为氏（吕思勉《中国通史族制章》）。周代初，周王（周武王）为巩固政权，把王族、功臣和先代的贵族分封到各地做诸侯，建立诸侯国，这就是中国历史上真正的“分封制”的开始；而这之前，所谓“封”、“赐”等现象是不存在的。

因此，笔者认为：“老百姓”之称源自民间流传之“百家姓”，而百家姓则起源于史称“周初大分封”时期。所以，周初的分封制又是分辨百家姓根本的分水岭。

根据《礼记·大礼正义》说：“诸侯赐卿大夫为氏。”可知，“氏”的由来在于卿大夫。

《礼记·王制》又曰：大国三卿，皆命于天子（周王）……次国三卿，二卿命于天子，一卿命于其君（诸侯）。

当时所谓“大国”、“次国”均为“诸侯国”。周制诸

侯有三卿，即司徒、司马、司空，三卿各领一军，就是所谓合称“三军人马”，天子则统领三军。

诸侯的儿子称“公子”，公子的儿子称“公孙”，到了公孙的儿子，由于人数太多，于是就立之为某某王之称号。

周初大分封后，除以封或以赐号为氏，还“以谥为氏”、“以国为氏”、“以邑（采邑或称食地）为氏”、或“以官为氏”，甚至“以（祖）字为氏”及因果关系为氏等。

谥，则指我国古时，在最高统治者或其他有地位的人死后，给他另起的一个称号，乃谥号之简称。

宋代学者郑樵在《通志》中列出23种赐氏的方法，也充分说明了我国姓氏的由来因分封制和宗法制而起，笔者在此就不再一一列举了。不过，自从“分封制”和宗法制形成之后，也明确了祖先的姓，称为正姓，氏就称为庶姓；正姓永远不变，庶姓则可随时改变。春秋时代（即公元前770年）以前，却不见得任何人都有氏。因为，那时候，“氏是贵族的专利，比较低贱的官吏和平民，是只有名而没有氏的。”所以，“氏”也曾有贵贱的用意。

姓氏，其实也是近亲血缘的标志；而且，更是作为选择婚姻对象的识别。娶妻不要同姓，皆因有“男女同姓，其生不蕃”的说法，此观点与今日的优生学理论吻合，这也是中华民族通婚制的开始。

姓氏的作用，到了战国时代（即公元前475年始），由于封建制度（分封制）的瓦解，氏不复代表特权阶级，自是每人都有氏，姓氏渐渐合称（顾炎武《曰知录》第23卷）。例如，司马迁《史记》中就称汉高祖刘邦为“刘氏”（《史记》卷5）。

根据清·王相《百家姓考略》原文顺序的姓氏考释

赵

原文：“赵”角音。天水郡。伯益裔孙。造父事周穆王，以功封于赵城，子孙因氏焉。其后叔带仕晋，至赵夙世为晋卿；传赵籍，始灭晋为诸侯。汉有赵广汉，为京兆尹，宋太祖之远祖。

考释：古时天水郡，在今甘肃省兰州、天水及陕西宝鸡等地一带。

《史记·五帝本纪》有云：

“……禹、皋陶、契、后稷、伯夷、夔、龙、倕、益、彭祖自尧时而皆举用……”

其《注释》有道：“益”，即伯益，又作“伯翳”。

《史记·秦本纪》注释者又云：古书或以皋陶、益（即下文大费）为父子，皋陶为大业。梁玉绳《史记志疑》已辩其误（详见《史记·陈杞世家》“伯翳之后，周平王时封为秦”下梁氏案语）。

又据《史记·陈杞世家》其注释介绍：“皋陶”，又作“咎陶”，传说时代东夷族的首领，偃姓。“伯夷”，传说时代姜姓部族首领。“伯翳”，又作柏翳，古代嬴姓部族之先祖。

据此可见，伯益并不是皋陶的儿子。

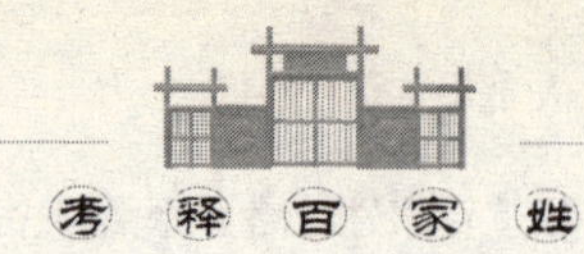

中国古代史（史前史）的“三王五帝”，三王指的是：伏羲氏、神农氏和轩辕氏；五帝指的是：黄帝、颛顼、帝喾、唐尧、虞舜。

有人将“三王”写作“三皇”其实是错误的。因为，始“皇”者乃是秦始皇。而且，“朕”、“玺”、“皇帝”之称呼亦均由秦始皇始。司马迁之所以会将“三王”均冠以“氏”称之，笔者在前文已释，也相信司马迁不是不懂当时姓氏的起源、性质和意义的。即使有个别《史记》注释者颇有微言——“秦汉以来姓、氏逐渐合一，司马迁已不能分辨，常常混淆二者。”但，笔者以为也不可一概而论。

五帝最后一位是虞舜。在这之前，唐尧为了培养虞舜能成为自己理想的继任人，便把自己的两个女儿——娥皇和女英都嫁给舜做妻子，并且再三认真考验他的德行。所以虞舜是唐尧禅让（让贤）而登上帝位（实质是部落联盟首领而已）的。同样，夏禹（即史称“大禹治水”的禹，“夏”即是禹生长所在的夏部落之简称）也是由虞舜禅让而就。

因伯益在虞舜时已掌管山林牧业，正如《史记·五帝本纪》有记载：“舜曰：‘谁能驯予上下草木鸟兽?’皆曰益可。于是以益为朕虞。”因而，他必然也是夏禹治水时最得力的助手。而且，伯益也完全有能力继承禹的事业。可是，禹死后，夏部落的贵族们却破坏了禅让的制度，拥护禹的儿子启继位，从而建立了中国历史上第一个奴隶制王朝——夏朝。夏朝的建立，也宣布当时的部落联盟正式解体了。

经历夏、商两朝之后，直至周成王成立周王朝时，伯益的后裔——孟增（后又称皋狼）（笔者注：这可能就是有人误以为伯益系皋陶的儿子的关键之一），才得到重用。正如

《史记·秦本纪》有云："孟增幸于周成王，是为宅皋狼。皋狼生衡父，衡父生造父。"

后来，造父又"以善御幸于周缪（同"穆"）王"，并因"徐偃王作乱，造父为缪王御，长驱归周，一日千里以救乱。缪王以赵城封造父，造父族由此为赵氏"（《史记·秦本纪》）。

显然，这史记证实了"原文"的正确。造父的子孙引以为荣，并以邑（即赵城，在今山西省洪洞县北赵城镇，与霍太山邻近）为氏，也是理所当然的事情。造父乃是赵姓氏族的始祖，亦当之无愧。

钱

原文："钱"徽音。彭城郡。系出篯氏。彭祖姓篯名铿。支子去竹而为钱氏。〇篯，音尖。铿，音坑。

考释：古时彭城郡，在今河南省商丘一带。

有人曾介绍道："钱姓起源较为单一，其远祖为陆终……陆终是颛顼（笔者更正之，应为"颛顼"）帝的玄孙，他的第三子名筏，字铿，后来被封于彭城，因此得姓彭，就是彭祖。"

诚然，有史记《注释》也曾云："彭祖"，传说为颛顼之玄孙陆终氏的第三子，尧时封于彭城，即今江苏徐州境。

但是，上述"介绍"者却画蛇添足地又接着道："彭祖的后裔有个叫彭孚的，在西周时任钱府上士（掌管钱财的官)，其后人便以官为氏，称为钱氏。”

这种似乎言之凿凿的说法，如果不是道听途说的话，恐怕也是瞎猜胡编又以讹传讹。也许，读者只要睁开眼睛一看，就一定会感到啼笑皆非的。

问题很简单：既然作“钱府上士”的官职，那么，“钱府”的主人不姓钱么？硬要把“彭孚”改姓钱，又偏要与“负责管理钱财”挂钩，恐怕连自圆其说也不成了。

相反，笔者认为，王相《百家姓考略》中那段原文是下了功夫且有依据的。读者尤其应对“支子去竹而为钱氏”的“支子”加深认识，才可能求知而致用。

周代《礼记·典礼》曰：“支子不祭，祭必告于宗子。”《礼记·王制》亦曰：“支子不祭。”这种周代宗法制度规定，嫡长子或继承先祖嫡系之子为宗子，其余儿子为支子，支子不得奉祭宗祖的。所以，往往为“庶姓”。

“原文”的“支子”并不是篯铿（即是彭祖）支子的意思，应是篯铿的后裔支子，而且更应该是在周初大分封，姓、氏纷纷始立的时期，篯铿的后裔支子。其支子既因“支子不得奉祭宗祖”的不满，又因“篯”姓源自原始（母系或父系氏族）部落的所谓的“姓”，于是“去竹而为钱氏”则光明磊落而就，合情合理之。

因而，钱姓氏族的形成，是必在周初大分封的氛围中，他们追谥彭祖亦无可厚非。

孙

原文:“孙”宫音。乐安郡。系出姬姓。卫武公子惠孙之孙，以祖字为氏，世为卫卿。又楚有孙氏，芀姓之后。孙叔敖为楚相。又齐有孙氏，陈姓之后，陈无宇子子占有功，赐姓孙氏。其后有孙武子，为吴将。武子之裔，世居富春。汉末有孙权，为吴帝，武子之裔也。○芀，音委。

考释:古时乐安郡，在今山东省济南、淄博、广饶县一带。

“原文”之“系出姬姓”，是指其在母系氏族公社时的名称，即是当时其母系的所谓的“姓”。

卫武公，在西周周宣王十六年，即公元前812己丑立元年。《史记·卫康叔世家》有记载:“武公即位，修康叔之政，百姓和集。四十二年，犬戎杀周幽王，武公将兵往佐周平戎，甚有功，周平王命武公为公（笔者注:东周春秋时期封爵分五等，即公、侯、伯、子、男)。五十五年，卒，子庄公扬立。”而“卫武公子惠孙”则是指卫庄公——姬扬的弟弟，佐庄公为卫国正卿者。

所谓“卫康叔世家”，其实是指周文王的第九位儿子、武王弟——康叔封，他在他的四兄（武王姬发则为他的二兄）周公旦平定管蔡叛乱后，受封于卫，至“卫绝祀”的漫长而又可歌可泣的家史。

正如《史记·管蔡世家》注释者写道:……封于卫，

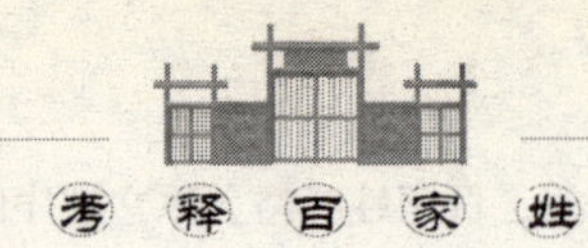

建都朝歌，地当今河南省淇县境。公元前660年为狄所败，迁楚丘（今河南省滑县）。后又迁帝丘（今河南省濮阳县）。公元前254年为魏所灭。后来又在秦的支持下复国，迁野王（今河南省沁阳县境）。到秦二世（公元前209年）时亡。

尽管如此，惠孙本人以至其后人，虽不能为国君，但也能“世为卫卿”而光宗耀祖；因而“惠孙之孙，以祖字为氏”非出偶然乃诚之有理。

而且，“惠孙之孙”按理应与“庄公卒，太子完立，是为桓公”同辈，卫桓公则在东周之春秋时期，也即是周平王三十七年时（公元前734丁未）立元年；所以，孙姓氏族开始形成很有可能也有机会在卫桓公在位期间。又因“以祖字为氏”，那么，惠孙理所当然被孙姓氏族奉为始祖了。

李

原文：“李”徵音。陇西郡。系出理氏。皋陶之后，代为理官，子孙以官为氏。有理利贞避纣居李树下，改为李氏，老子之祖也。其后李牧仕赵，李广仕汉。唐祖李渊，广之裔也。又晋有里克，卫有礼至，皆理氏之后，与李同源。

考释：古时陇西郡，在今甘肃省陇西、武山一带。

有人认为：“皋陶是李家的祖先。当时，他任尧帝的理官（相当于现在的法官），以‘理’为姓。”

诚然，皋陶“自尧时而皆举用”（《史记》），可是，司

马迁同时指出："未有分职"——即没有任命适当官职的意思。

当然，《史记·五帝本纪》的确有云："……皋陶为大理，平民各伏得其实……"其言下之意，当今亦可分析而知，"大理"的具体工作或事务，相当今时的司法部长的职务。而且，"大理"的"理"又凑巧与"系出理氏"之"理"同字同音，才导致有人不求甚解地以为"以官为氏，称理氏"。

其实，"系出理氏"也源自于母系氏族公社众多名称之中的一个，即所谓的"姓氏"。但，它并不等同由"周初大分封"所产生的，一直流传至今的姓氏。读者加强认识、明白这一点，看来是十分重要的，笔者在此重复又强调这一点后，就不用为下文如有"系出某氏"或"系出某姓"再反复解释了，个别情况则另议。另外，笔者在前文"分析姓氏源由"一章中实际上阐明了周代的分封制一开始就奠定了人们寻根问祖的基础，更是区分原始时代所谓的"姓"、"氏"与"封邦建国"后的姓氏历史的一个重要分水岭。否则，人们便会混淆不清。

司马迁之所以介绍皋陶等人时写道"自尧时而皆举用，未有分职"，因为他也知道当时还是以公有制为基础的原始社会，人们各尽所能，既分工又合作；根本不存在什么"分封"及"官僚"的东西。即使所谓"首领"及"五帝"也是后来有了文字后便于记载历史的事情，而当时的分工行为亦只不过是一种意识和必需（或需要），同时，也表示人们的共识及群体的拥戴的状况而已。因而，司马迁写道"大理"时也没有称"官"。故此，"子孙以官为氏"显然

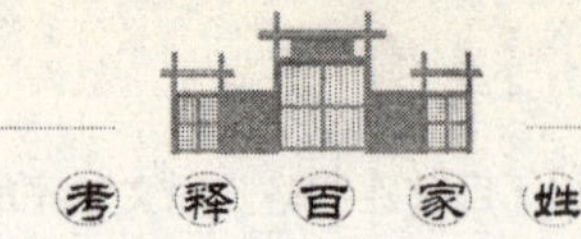

也不大正确，退一步加以理解的话，言下之意也含一种弦外之音。

因为，即使商代有“理”官，但还没有“周初大分封”的那种条件和需要，乃至“以某某为氏”的氛围，何况“氏”的出现及氏族的形成，笔者在前文也已阐明了。

况且，周代（实从周武王始）管理司法的已不再称为“理”官，可以说，西周的官制更为繁杂，分工却更明细，据有关史料记载，周王左右辅佐的为太师、太傅、太保，合称“三公”。“三公”之下则有三事官（政务官、事务官和地方官）和四方（即诸侯和方国、部族——也称部落，及卿事——也称士）察。

商代的“理”官，到了周代则称为之“司寇”。

因此，“子孙以官为氏”只有一个理由：其子孙缅怀其先人在商代的显赫地位，更追忆皋陶的后裔理征因直谏惹怒商纣王被杀，而导致他的儿子理利贞逃难到今河南省鹿邑县（古称“苦县”）境内，靠野外树上的果实（古称木子）充饥得以生存，并隐姓埋名地“指果子（即木子）为姓”——李姓始的故事。

这故事虽然发生在商末，但鉴于当时仍充满危险又必须守口如瓶；所以，公开“指果子为姓”乃至“以官为氏”也只能到了周初大分封之后。“木”、“子”成“李”，又因“理”与“李”同音，“子孙以官为氏”才勉强说得过去，这也包括“周有老子姓李，名耳，为（理）利贞的后裔……”等等说法。

不过，老子——李耳，又称老聃，是春秋末期楚国人，其故里为今河南省周口市鹿邑县。老子曾做过周（东周）

朝的史官（东周“守藏宝之史”，也即是管理藏书的史管），也被尊敬为中国道家的创造人，影响深远。可是，把老子奉为李姓氏族的祖先（始祖）是不恰当的。

理利贞被逼“指果（木）子为姓”形成李姓氏族而立，乃是“老子之祖也”情理所在。

周

原文：“周”角音。汝南郡。系出姬姓。周平王少子烈之后，以国为氏。周有周任，战国有周霄。

考释：古时汝南郡，在今河南省驻马店、汝南一带。

当今有记载道：长安是中华民族的发祥地之一。是3000多年前为周武王建立周朝的地方，也是周姓的发源地之一。现在这里还有西周时丰镐遗址，把我们的思绪带回远古的时光。

有人撰文亦云：出自姬姓，其始祖为周文王。

其实，他们把读者错误地带到太遥远的地方了，而且居然信口开河地将周文王、甚至周武王所建立的周王朝为周姓氏族始。

《史记·周本纪》有云：

> 西伯曰文王，遵后稷、公刘之业，则古公、公季之法，笃仁，敬老，慈少。

在商殷时，殷之畿外的其他部族或部落有所谓“四方”、“多方”之称，其首领称“方伯”（即一方之首）。据周原（即古称“岐下”，指岐山以南，其地在今陕西岐山、扶风二县一带）。甲骨文析，周部落是商殷时的“西方伯”之地，因此所谓“周文王”称“西伯”。

因为，《史记·周本纪》曾云：

> “古公卒，季历立，是为公季……公季卒，子昌立，是为西伯。”又“谥为文王”。

根据《注释》介绍《礼记·大礼》说武王在牧野（在今河南淇县西南，为纣别都朝歌，即今河南淇县之城郊）之战后立室设奠，率天下“追周太王亶父、王季历、文王昌”，其追称名号，则为“谥”。文王之“文”字是一种美称，有仁恩慈爱之义。

何况，无论周文王（姬昌）和周武王（文王之子姬发）在初期时，实际上还是商纣王统治下的一个部落首领；即使到了周武王“以太公望为师，周公旦为辅，召公毕公之徒左右王，师脩文王绪业”（《史记》曰）积极准备伐纣时，真正的分封、“封邦建国”尚未开始，以国、以地、以谥及祖父名号甚至以字等等诸如此类为姓或为氏也更未形成氛围和习俗。

《中国通史》有云“周初大分封”，是指周灭商之后，据记载，武王、周公、成王曾先后封建71国（诸侯国），即所谓“封邦建国”的过程。

到周平王东迁（即史称“东周”）以后，周王朝的统治日渐衰落，诸侯国越封越多，而且诸侯的势力反而强大起来；因而，东周社会进入一个非常动荡的时期，即史称“春秋战国”时期（公元前770～公元前221）。据记载，仅春秋初年，大小诸侯国见诸经传的已达170余个了。但，烈毕竟是周平王的少子，也即是“支子”，支子不祭也必然不能以国（即周王朝）为氏的。换言之，周平王少子烈之后，只能以邑（周原）并取其“周”简而统之“原”居地罢了，这也可谓两全其美，何乐而不为乎。

所以，“原文”谓之“周平王少子烈之后，以国为氏”是一种误解，也是有违当时的宗法制度的。

吴

原文：“吴”羽音。延陵郡。系出姬姓。武王封太伯弟仲雍曾孙于吴，其后子孙以国为氏。战国有吴起；汉有吴芮，世为长沙王。

考释：古时延陵郡，在今江苏省南京、句容一带。

《史记·吴太伯世家》有记载：

> “太王欲立季历以及昌，于是太伯、仲雍二人奔荆蛮，文身断发，示不可用，以避季历。”

“太伯”即是商代周部落（也称之“周人”）首领周太王（谥，又传说为公直父、亶父）的长子（又称“泰

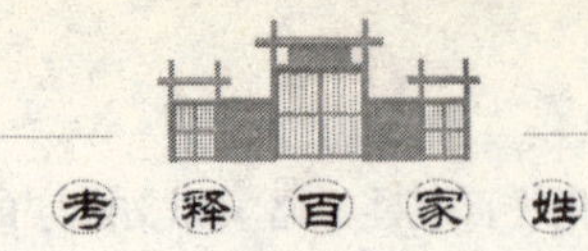

伯”)。他的两个弟弟依次为仲雍和季历，季历的儿子为姬昌——便是周文王（谥号）。

上述《史记·吴太伯世家》的有关记载，是根据传说周太王预见到姬昌有圣德，就想打破长子继位的惯例（宗法制），希望通过季历再传给姬昌。泰伯为了实现父亲的意愿，便刻意地与仲雍一起出走到荆蛮之地（笔者注：“荆蛮”，乃是古代中原地区人们由于认识不多，接触不足而对南方地区及人民的称呼，明显带有偏见）。有《注释》云：太伯奔居之处为梅里，即今江苏无锡东南 30 里梅李乡，旧称泰伯城。

太伯如此孝义，才有史记之“三以天下让”的故事，也才有让季历、姬昌先后顺利登位的记载而感动读者并流芳百世。正如，子（即孔子）曰：“泰伯，其可谓至德也已矣。三以天下让，民无得而称焉。”然而，有人曾以为吴姓氏族的“始祖为周代的泰伯”，那却是错误的。

因为，一，周太王乃至周文王时期，“周代”尚未可言之；周武王灭纣后，周人取而代之才真正进入新的一代（史称周期，亦称周王朝更准确些）——周代。二，史称“周初大分封”是指由周武王而起（前文已详述），故此，泰伯时不可能出现“以国为氏”的情况。三，即使司马迁曾云“太伯之奔荆蛮，自号句吴”，其实那时候的“句吴（也称勾吴）”充其量也只不过是一个部落或为一个族群体的名称而已。

何况，正如《史记·吴太伯世家》记载道：

“太伯卒，无子，弟仲雍立，是为吴仲雍。仲雍

卒，子季简立。季简卒，子叔达立。叔达卒，子周章立。是时周武王克殷，求太伯、仲雍之后，得周章。周章已君吴，因而封之。”

这也说明当时的所谓“吴君”——周章，才受封之为诸侯，“句吴”也才正式为周代的诸侯国之一；随后才有可能“以国为氏”，也就是“吴姓氏族”之称始立。

所以，周章才是真正吴姓氏族的始祖。也可见王相《百家姓考略》这一段“原文”是正确、不容置疑的。当然，吴姓氏族人们一直尊崇泰伯，实属难能可贵。

郑

原文：“郑”徵音。荥阳郡。系出姬姓。周厉王少子友封于郑。支子以国为氏。孔子弟子有郑国，秦有郑安平，汉有郑子真，裔孙郑露，避晋乱，徙闽莆，兴立学校，化行七闽。宋郑樵、郑侠皆其后。

考释：古时荥阳郡，在今河南省洛阳荥水以东至开封一带。

公元前841年，周厉王在位期间，国人不满厉王所强行实施的专利而暴动，史称“国人暴动”。《史记·周本纪》云：“王行暴虐侈傲，国人谤王。”《中国通史》也有记载：这次国人暴动，首先在京城爆发，迅即传至“四周”，平民和奴隶们冲到镐京（在今陕西长安沣河东，是武王东进所

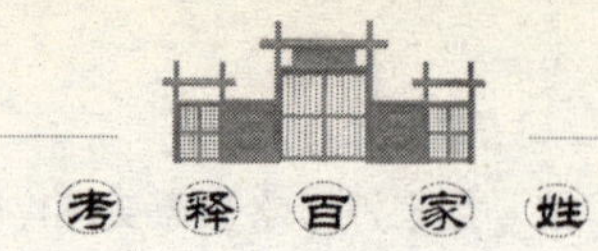

建的新都城)，杀进王宫，周厉王出奔，逃至彘（今山西霍县)。

然而，国不可一日无主。情急之下，经大臣们商议，由召公虎和另外一个大臣周公主持，暂时代替周天子行使职权，便是史称“共和行政”。从共和元年，也就是公元前841年起，中国历史才有了确切的纪年。

查《中国历史年代简表》可见，从周共和元年（即公元前841 庚申）直到厉王的太子静即位（即周宣王）后，至公元前806乙未，才为郑桓公元年记录在册。

“原文”谓“周厉王少子友封于郑”乃出自《史记·郑世家》的记载：

> 郑桓公友者，周厉王少子而宣王庶弟也。宣王立二十二年，友初封于郑。封三十三岁，百姓皆便爱之。幽王以为司徒。和集周民，周民皆说，河、雒之间，人便思之。

当时的“郑”，是宗周王畿内邑名，在今陕西华县东。

请读者留意笔者在上述文中的“庶弟”下加以注点的理由，即也是前文“钱”姓氏篇所述“支子不祭”的原因。周厉王少子友正因为也属“支子不祭”之列，并且只封为侯（即爵位之一）——郑桓公。他既然不得奉祭宗祖，那么，他的儿子、子孙也同样不得奉祭宗祖（即周宗祖）了。而且，当时郑桓公只是“幽王以为司徒”，根本不是一国之君，更无“国”之言。所以，原文谓“支子以国为氏”是错误的。事实上，最早的“郑”只为邑名，则应为“支子以邑为氏”。郑桓公——友公乃是郑姓氏族的始祖，无疑。

诚然，“郑”后来终立国，也曾强盛一时，例如，在公元前767年灭虢国、公元前769年灭郐国。

可是，有人偏偏要标其立异，胡说：“郑桓公的十五世孙郑鲁迁居陈、宋之间，以国为氏，称郑氏。”

看来，此言者——他根本不理解郑桓公时的“郑”的表达之意，也不明白郑桓公——友（也可称“友公”）是郑姓氏族“谥”之为始祖，而不是表示郑桓公就已经姓“郑”的道理。而且，所谓“郑桓公的十五世孙郑鲁”——郑鲁之所以姓郑，则乃是郑姓氏族形成之后矣，一字之浅也。

王

原文：“王”商音。太原郡。系出姬姓。周灵王太子晋之后。周有王诩，齐有王蠋。秦将王翦子贲生离，离子元，居琅琊郡；元弟威，居太原郡。又田齐之后，避难改为王氏。又魏信陵君子孙改姓王氏。又殷王子比干后亦曰王氏。凡二十一望。惟太原、琅琊二郡最著。

考释：古时太原郡，在今山西省太原、晋中一带。

有人撰文言之：……出自姬姓，为周文王之后。后来衍化为三支王姓族派。其中一支是周文王第十五子毕公高的后裔，因本来是王族，所以他们以“王”为姓。

笔者认为，这种说法言过其实且有想当然之嫌。因为，《史记·周本纪》并没有“衍化为三支王姓族派”的相关记载，查周武王前后乃至周灵王时也未见所谓“王姓族派”出现。

诚然，《史记·周本纪》注释有介绍：“毕公名高，亦文王庶子，因封于毕（在今陕西咸阳市东）而称毕公，康王时为周作册。”不过，这注释同时也已否定了“……周文王之后。后来衍化为三支王姓族派”的说法。

其实，西周推行分封制的同时，又建立了以（母系）姬姓为中心的宗法制度，两者既是密切结合又是相辅相成的。宗法制度的主要特点是以血脉为基础的嫡长子继承制和余（支或庶）子分封制。而且，姬姓王族与（母系其他）异姓诸侯之间通过婚姻结合、结成甥舅关系，也成为宗法制的重要组成部分。所以，宗法制既是贵族间解决财产、权位继承或分配的一种制度，又是团结同姓贵族和异姓贵族、加强王室与封国关系的手段，它不仅巧妙地将政权与族权结合起来，又成为巩固分封制和加强奴隶主贵族专政的工具。而那时候的姬姓王族，是不能理解为“王姓族派”的。

并且，王姓氏族并不是“分封制”及“宗法制”所形成，倒是被迫出来“自封”的。

原因是：周灵王在位（公元前 571 庚寅为元年至公元前 545 丙辰）二十七年均是东周春秋时期，灵王太子晋却因直谏而被废为庶人。但，太子晋毕竟出身于王室，更是姬姓王族的人，他的子孙必然会怀念甚至谥之便以王为姓。

所以，王姓氏族的始祖为太子晋，也无可厚非。

冯

原文：“冯”宫音。始平郡。系出姬姓。文王子毕公高支子，食采于溤，子孙去邑为冯氏。战国有冯亭。汉有冯异。溤，音冯。

考释：古时始平郡，在今河南省荥阳西、新郑北一带。

上文“王”姓氏篇，曾有介绍——毕公名高，亦系文王庶子。即也是武王的庶弟。所以，毕公高只能受封不能继位更为“支子不祭”。

因此，“原文”谓“毕公高支子，食采于溤”是完全符合从西周初开始推行的“分封制”及“宗法制”所规定的制度的。

由于毕公高在武王时受封于毕而称毕公，康王时为周作册；也正如《史记·周本纪》所云：“康王命作策毕公分居里，成周郊，作《毕命》”之注释道，这乃是史官之长，掌册命官爵，官高显赫。继而，“康王卒，子昭王瑕立。昭王之时，王道微缺。昭王南巡狩不返，卒于江上。其卒不赴告，讳之也。立昭王子满，是为穆王。穆王即位，春秋已五十矣。”又“穆王立五十五年”，合此《晋书·束哲传》引述《纪年》谓“自周受命，至穆王百年，非穆王寿百岁也”。

因此，毕公高卒年及“毕公高支子，食采于溤”之时，均应在周穆王在位期间。又因“支子不祭”令毕公高支子

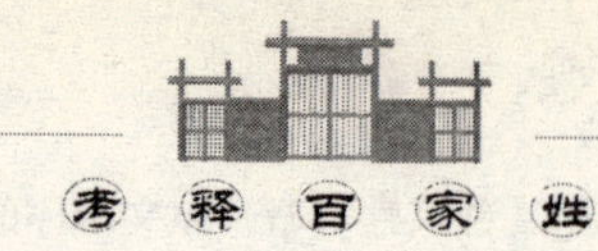

不得奉祭宗祖（即周宗），所以，毕公高支子孙“去邑为冯氏”又谓“鄍，音冯”。冯姓氏族的始祖则应为毕公，名高。

故此，那些“毕公高有个后裔叫毕万，西周时在晋国为大夫……于是将其中的冯城（河南荥阳县西）封给了毕万的一个孙子，后来他的后代就以邑为姓氏，称冯姓。”及“周文王的第十五子毕公高有个后裔叫毕万，被封在魏地，毕万有个孙子文孙（即长卿）居于冯城。”等等说法，都是人云亦云、以讹传讹所至，不可取也。

陈

原文：“陈”徵音。颍川郡。虞舜之后胡公满封于陈，子孙以国为氏。孔子弟子陈亢。汉有陈寔，为大丘长，裔孙陈霸先，代齐有天下，国号陈。

考释：古时颍川郡，在今河南省周口市淮阳县一带。史称“五帝”中的虞舜，前文已述，相信读者也已明了。

不过，“虞舜之后胡公满”——此人并不是姓胡，也不是以“胡公满”为姓名，而是陈姓氏族的始祖，号胡公，字满。

正如《史记·陈杞世家》有云：

> 至于周武王克殷纣，乃复求舜后，得妫满，封之于陈，以奉帝舜祀，是为胡公。

其《注释》道："妫汭"，妫水入黄河处。"妫"，水名，传说在今山西省永济县南。"汭"，指两水相汇处。"姓妫氏"，有虞氏本姓姚，哀公元年《左传》称"虞思于是妻之以二姚"，《离骚》称"及少康之未嫁兮，留有虞氏之二姚"可证，司马迁此处说舜居妫水后其后代子孙改姓妫（笔者注：上述所称"氏"或"姓"之由衷，笔者在前文已阐明了，此略）。……知自胡公始姓妫（因而，胡公满即妫满，也称虞胡公）。

舜后遏父（即阏父）是胡公满之父，《诗谱》称"舜后遏父为周武王陶正（掌管制陶官吏），武王赖其器用，封其子妫满于陈丘，宛丘之侧"，陈都宛丘，即今河南淮阳县。而《左传》称武王以元女太姬配虞胡公，封于陈。"陈"，陈国，周武王灭商后所封建的诸侯国，其地在今河南淮阳县至安徽省亳州一带。"以奉帝舜祀"，此言武王封妫满于陈，使其族人得以世代祭祀其先祖。武王以此手段获取有虞氏后裔对自己统治的服从和支持。

笔者撰写《官洲村史》时，有幸看到一本《陈氏世系图纪》，这是极其珍贵的纂录（原出自木刻字）本，且"皆有历代太史所录，信而有征"，较可靠、少错误，为其他手抄本所不能及。这也证实"原文"谓"虞舜之后胡公满封于陈，子孙以国为氏"，是正确的。

褚

原文：“褚”羽音。河南郡。系出子姓。宋共公子段食采于褚，号曰褚师，子孙因以为氏。汉有褚少孙，补《史记》。

考释：古时河南郡，在今河南省洛阳以北一带。

春秋时期的宋共公（公元前588癸酉为元年至前576乙酉）在位时，他的儿子段得以封地——褚（在洛阳以西），也称采邑或食地之邑。

“号曰褚师”是指辅佐宋共公统治及抵御外来势力的一支十分重要的军队。当时，宋国是周代春秋时期的诸侯国之一，也完全仿效周王朝的兵制。

《中国通史》有云：属于周王室的军队有周六师和虎贲。周六师是由周人组成的，驻守在周京所在的西土地区；所以，铜器铭文中称它为西六师。六师是周的主力军，昭王、穆王曾率六师出外远征……虎贲是周王的禁卫军，武王伐纣，即以虎贲为先锋。

由此可见，“宋共公子段”的子孙以“褚师”而引以为荣之必然；所以，“子孙因以为氏”，褚姓氏族始起并发扬光大，“段”公则为褚姓氏族的当然始祖。

卫

原文："卫"羽音。河东郡。系出姬姓。文王子康叔封于卫，其后以国为氏。汉有大将军卫青，丞相卫绾。

考释：古时河东郡，在今山西省运城以东、夏县一带。"文王子康叔"即是周武王之弟，由武王按分封制和宗法制封地称诸侯。《中国通史》记载道：周初大分封……分封的目的是"封建亲戚，以蕃屏周"。每个诸侯国既是统治各地的据点，又起着拱卫周王的作用。在当时的封国中，重要的有卫、鲁、齐、宋、晋、燕等国。

《史记·卫康叔世家》有云：

"卫康叔名封，周武王同母少弟也。其次尚有冉季。冉季最少。"

该《注释》言："卫康叔"，西周初卫国始封者。姬姓。名封，周武王同母弟。初封于康（其地不详，一说在今河南禹县西北），故称康叔。本书（即指《史记》中的）《管蔡世家》说："武王已克殷纣，平天下，封功臣昆弟……康叔封、冉季载皆少未得封。"记载有误。1931年在河南省浚县出土了"康侯丰（封）方鼎"等器，该鼎系周公时器。此外尚有"康侯刀"、"康侯斤"、"康侯矛"、"康侯觯"、"康侯罍"、"沬司徒迭簋"等器，足证《史记·管蔡世家》

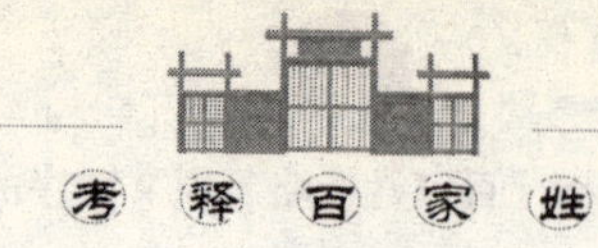

记载有误。

公元前十一世纪，周公（即武王弟周公旦）平定武庚（即商纣王之子。本来，武王灭纣后，封纣子武庚于商都，利用他统治殷遗民的。但，周王朝建立两年，武王就死了，子成王诵年幼，不能管理这个新建立的国家，于是武王弟周公旦“履天子之籍，听天下之断”。管叔、蔡叔对此不满，放出流言，说周公将不利于成王。由于王位继承问题，周统治阶级内部发生了矛盾。以武庚为首的商代残余的奴隶主贵族便利用这个机会和管、蔡勾结，发动徐、奄、熊、盈等东方诸部落，举行大规模的武装叛乱，企图推翻周的统治，恢复商王朝。)（记载于《中国通史》）的叛乱以后，将原来商都地区和殷民七族（陶氏、施氏、繁氏、樊氏、饥氏、终葵氏——亦均为前母系和父系氏族公社时之所谓“姓”或“氏族”）分封给他，建立卫国。建都朝歌（在今河南淇县）。成王亲政后，召为周司寇。《尚书·康诰》篇就是他就国时，周公旦对他的训诫之词。

因而，“文王子康叔封”为卫姓氏族的始祖，也不存在疑问。

蒋

原文：“蒋”商音。乐安郡。系出姬姓。周公子伯龄封于蒋，子孙以国为氏。汉有蒋诩，吴有蒋子文、蒋钦。

考释：古时乐安郡，在今山东省惠民一带。

《史记·周本纪》谓“周公旦为辅”其注释者云：周公旦为文王第四子，因食采于周（在周原即岐周畿内）而称周公。

《史记·鲁周公世家》亦云：周公旦者，周武王弟也。

因此可见，也是因“支子不祭”的宗法制约，周武王即位，周公旦只能采邑于周。其注释者也道：“周”，地名。在今陕西岐山县北。其地本为太王所居，后为周公采邑。

而且，以“周公旦为辅”注释者又云：周公旦于武王死后，曾一度摄政，平定武庚、三监之叛，伐灭商奄、蒲姑，被封于鲁。周公旦命长子伯禽就封，成为第一代鲁侯（诸侯），其留于畿内供事王室之后代，则继续称为周公。

《史记·鲁周公世家》其注释者也云：（周公旦）辅佐周文、武成王，嫡子封于鲁，次子食采周邑，世为王室卿士。

按宗法制之“支子不祭”，周公旦既为“支子”是不能祭祀周宗祖的，“鲁”更不能。

所以，周公子伯龄（即伯禽之弟）对于周宗法制来说，亦属于“支子不祭”之列，其子孙更是如此。因此，周公子伯龄封于蒋后，“蒋”又成为诸侯国之一，其子孙“以国为氏”，蒋姓氏族以伯龄为始祖是必然。

当今有报道：“在今河南省信阳市淮滨县城东南十多公里，有个地方叫做期思集；在那里仍然有‘西周蒋国故城遗址’的存在。”

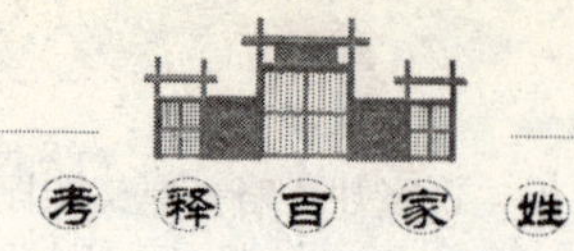

沈

原文：“沈”宫音。吴兴郡。系出姬姓。文王子聃季食采于沈，其后以邑为氏。楚有沈尹戌子沈诸梁，为令尹，封于叶，号叶公。

考释：古时吴兴郡，在今浙江省杭州市北、溪口一带。

当今有人曾作介绍：……出自姬姓，周文王的儿子季载，被封在沈，建立了沈子国（在今安徽临泉县境内）。后来，沈国被蔡国所灭，沈国的遗民以国为氏，姓沈。

继而，有人随之撰文云：……周文王第十子季载因平武庚（商纣王之子）叛乱有功，被封于沈国。

春秋时，沈为蔡所灭，季载后裔逃奔楚国，子孙便以国为氏，称沈氏。

诚然，季载或称冉季载，按《史记》记载是周文王的儿子，而“原文”谓“聃季”却因《国语》、《左传》而作详述之：“武王同母兄弟十人。母曰太姒，文王正妃也。其长子曰伯邑考，次曰武王发，次曰管叔鲜，次曰周公旦，次曰蔡叔度，次曰曹叔振铎，次曰成叔武，次曰霍叔处，次曰康叔封，次曰冉季载。冉季载最少”。

周公旦平定武庚叛乱后，就“封季载于冉。冉季、康叔皆有驯行，于是周公举康叔为周司寇，冉季为周司空，以佐成王治，皆有令名于天下”。又因“蔡叔度既迁而死。其子曰胡，胡乃改行，率德驯善。周公闻之……复封胡于蔡，以奉蔡叔之祀，是为蔡仲。余五叔皆就国，无为天子吏者。”注释者则解释谓之；“余五叔”，实为四叔：“蔡叔、曹叔、成叔、霍叔。管叔被杀，国不存。”又因“古称长子曰‘伯’，次子曰‘叔’，未子曰‘季’。”所以，“封季载于冉”成为“冉季载”之称，但并不是为“就国（即封国号)”者，“以国为氏”之说也就不成立了。

其实，史书者皆因“封季载于冉”而又称“冉季载”，已分明指季载当时受封于（也即是食地）“冉”地的意思。而《国语》、《左传》又将“冉季载”作“聃季”——《左传》定公四年称“聃季授士”，也清楚说明聃季当时食地而不为诸侯。“冉”或“聃”均为古代地名。

根据《中国通史》的记载：周代诸侯国也实行分封，诸侯将土地分给卿大夫，封地称为“采邑”；卿大夫再分封给士（即授士)，封地称“食地”。士是贵族最低层。

“冉”和“聃”两字古体均从“冄”，可见古时相通。“聃”与“眈”同音，而“眈”与“沈”相近，史书者将“聃季授士”或“冉”地简作“沈”也未尝不可的。所以，现代字典也将“沈”一曰地名，二曰姓，作解之。

《左传》称“沈人不会于召陵，晋人使蔡伐之。夏，蔡灭沈。”然而，该注释中言之“沈，国名，在今安徽省阜阳市及河南省沈丘县间”却有误解，从而也误导了上述之“沈国被蔡国所灭”及“以国为氏”的说法；而这些说法也明显与上述的史记不符。

因而，“原文”谓“文王子聃季食采于沈，其后以邑为氏”大体无误，聃季乃是沈姓氏族的始祖。

韩

原文：“韩”商音。南阳郡。系出姬姓。武王少子封于韩，晋灭之，封桓叔子万于韩原，世为韩氏。至韩虔分晋国为诸侯，汉有韩信。

考释：古时南阳郡，在今河南省南阳市、邓州县北一带。

《史记·韩世家》道：“韩之先与周同姓，姓姬氏。”这，又是司马迁把“姓”、“氏”混淆一谈一例。

相对而言，“原文”谓“系出姬姓”是正确的。

据僖公二十四年《左传》：“邘、晋、应、韩、武之穆也。”杜《注》：“四国皆武王子。”因此，“武王少子封于韩”也是对的。

然而，武王少子毕竟属“支子”之列，封于韩（采邑），并不是“诸侯”，正如《中国历史年代简表》列明：到东周战国时，即公元前403戊寅，魏、韩、赵初为侯。故此，“武王少子封于韩”时，并不为“国”，亦可见韩姓氏族始于“以邑为氏”。

不过，“原文”认为“封桓叔子万于韩原”，才“世为韩氏”，倒与上述有矛盾了。

因为，“武王少子封于韩”，即韩姓氏族的形成。根本无须等待到“封桓叔子万于韩原”，甚至“韩虔分晋国为诸侯”的时候。

而且，宣公十二年《左传》孔《疏》："《史记》所谓武子，盖韩万也。"也包括"韩虔"在内，他们不是都已姓韩了吗？

这也充分说明，在"韩万"及"韩虔"之前，韩姓氏族以武王少子为始祖，又以邑为氏了。

所谓"韩原"，在今陕西省韩城县西南。

杨

原文："杨"商音。弘农郡。系出姬姓。周宣王子尚父，封于杨，晋灭之。晋武公子伯侨，食采于羊舌，后为羊舌氏。至叔向更封于杨，子孙为杨氏。战国有杨朱。汉有杨喜，封赤泉侯，孙杨敞为丞相；后裔杨宝生震，震生秉，秉生赐，赐生彪，四世为三公，隋文帝杨坚之远祖也。又有扬氏，从手不从木。周有扬侯，失国后为杨氏。汉有扬雄，是也。

考释：古时弘农郡，在今山西省临猗、夏县一带。

宣王静目睹由于父王（即厉王）的暴政而引发"国人暴动"，其风暴又波及自己的过程。他便接受厉王被推翻的教训，然后决心革新内政，令周朝一度出现"德行国富，人民殷众"的局面。史称"宣王中兴"。

宣王在位一共46年。他死后，《史记·周本纪》有云："宣王崩，子幽王宫湦立。"那么，幽王的弟弟尚父，即"原文"谓"周宣王子尚父，封于杨"则不容置疑的。

然而，笔者认为，“原文”又谓“晋武公子伯侨，食采于羊舌，后为羊舌氏。至叔向更封于杨，子孙为杨氏。”这种说法即使有一定的依据，但实属多此一举，也容易造成不必要的混乱。

因为，尚父“封于杨”，其子孙既无奈“支子不祭”的宗法制度，也不可能不念祖的；于是他们是必“谥”尚父，也懂得“以邑为氏”的习俗。所以杨姓氏族形成理应以尚父为始祖，其“杨”（邑），在今山西省洪洞县，则为杨姓氏族发源地。

否则，“子孙为杨氏”、“失国后为杨氏”的种种言论更无从谈起，甚至会造成本末倒置了。

朱

原文：“朱”角音。沛郡。颛顼之后。周武王封曹挟于邾，其后子孙去邑为朱氏。战国有朱亥。汉有朱买臣、朱云。

考释：古时沛郡，在今河南商丘一带。

《中国通史·周朝的建立》一文中，有关武王伐纣时谓“周联合起微、纑、彭、濮、羌、庸、蜀、髳等部族……”，其实，当时所谓“周”也称之“周人”也同样是商纣统治下的一个部族，只是比较强大些而且受其他部族所拥护而已。

由此可见，当时的“曹”部族系帝颛顼之后的支族，

“曹挟”者则是生长于曹部族的。

而且，笔者在前文曾述，《中国通史·周初大分封》也道：周王子弟一般都得到了封地，成了大小诸侯。异姓诸侯中的姜姓（即前文所陈述的所谓的“姓”）贵族居多，也有归附周朝的传统贵族如神农、黄帝、尧、舜、禹的后裔……诸侯在各地建国都要举行册封仪式，由司土授疆土，司徒授民。诸侯掌握着封国内的政治、经济、军事大权；但是他们的权力是周王赐予的，必须承认周王是他们的共主。周王要定期巡视各封国，称为“巡狩”……诸侯国内也实行分封，诸侯将土地分给卿大夫，封地称为“采邑”。卿大夫再分封给士，封地称“食地”（或食采）。士是贵族最低层。这样就形成了上自周天子下至士的宝塔式的奴隶主统治机构……

同时，这就是“封邦建国”、“封建亲戚，以蕃屏周”的目的。

所以，“原文”谓“周武王封曹挟于邾”也就是其中一例。古时之“邾”，在今山东省邹城及曲阜一带。现在邹城东南方的峄山镇纪王城村附近，有出示东周时期邾国故城遗址。

因而，邾国应为周武王封之诸侯国，曹挟的子孙也自然会随大流沿习俗而“以国为氏”（古时“邾”与“朱”音通且“朱”简之）的，“其后子孙去邑为朱氏”就说不过去了。

换言之，朱姓氏族理应在周武王在位（最迟也在周成王）时形成，其始祖则为曹挟才合情合理的。

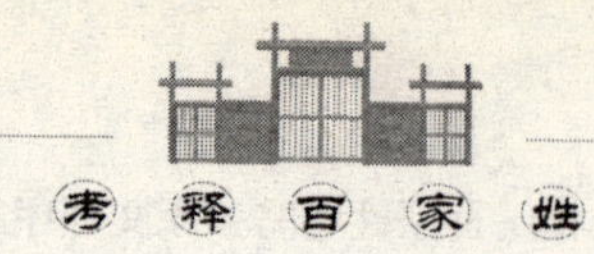

秦

原文：“秦”徵音。天水郡。系出嬴姓。伯益之后，有嬴非子仕周孝王，牧马于汧、渭，有功，封附庸之国于秦；至孙秦仲，始列为诸侯，支子以国为氏。孔子弟子有秦祖、秦非。周有医师秦缓，字越人。

考释：古时天水郡，在今甘肃省兰州以东、天水、陕西省宝鸡以西一带。

《史记·秦本纪》有云：

> 佐舜调驯鸟兽，鸟兽多驯服，是为伯翳。舜赐姓嬴氏。

“伯翳”即是伯益，又称益。但，正如有注释者道，据《封禅书》，秦出嬴姓，奉少皞（即黄帝之后，又称少昊）为上帝，兼祭太皞（又称太昊）、炎帝（又称神农氏）、黄帝，但不祭颛顼……其实这里的“嬴”是姓（笔者加注：即原始氏族的一种名称，也就是所谓的“姓”）而不是氏。一般古书记载皆谓嬴姓出少皞之后，但这里都把嬴姓归于舜赐姓。

笔者也认为，“舜赐姓嬴氏”的说法不妥之处有二：一者，司马迁编写《史记》时，多根据所收集的传说（我国史学家则把没有确切文字记载，而由口耳传说构成的历史，

称为“中国古史的传说时代”）加以分析、汇总的。正如《注释》道：《五帝本纪》记述的就是这个时期的历史。“帝”是后世的称呼，当时中国尚处在氏族社会，所谓“五帝”不过是部落联盟首领中的佼佼者。这个时期，氏族（笔者加注：所谓“氏族”也是后世传说而称之而已）如林，每个氏族及其联盟都有自己漫长的发展史。

《中国通史·五氏的贡献》也分析道：五氏时期，中国正处于“民知其母，不知其父”，所有成员一律平等，共同劳动，共同消费，没有阶级对立，所谓“无制令而民从”、“不施赏罚而民不为非”的时代。

即使到了“五帝时期，中国（原始）社会已由母系氏族社会进入父系氏族社会”，而且，出现了“部落间的战争”；不过，在各自部落或部族、甚至部落同盟内部仍然保留着“五氏时期”的传统和习俗的。

二者，在夏启之前——即中国历史上第一个王朝，史称“夏”，它也象征了中国进入奴隶制社会以前，无论如何，那毕竟还是中国原始社会；那时候，尚未形成所谓“奴隶”、“贵族”之类，从而也不可能出现“制令”、“赏罚”甚至“赐”、“封”等等现象的。因为这种现象，也只能发生于“三王五帝”后的夏、商、周，即从奴隶社会始，并逐步向封建社会发展的过程中。何况，正如《注释》者言之“迄今为止，我们对古人盛传的夏代的认识，仍然停留在零星的传说上。”“在未获得足够的实证之前，对夏代的历史尚无法得出确定的结论。传说在夏以前的‘五帝’时期同样如此。”

所以，“舜赐姓嬴氏”之说是不大妥当的，也不符合当时的社会历史背景。相反，“原文”谓“系出嬴姓”则符合前文“分析姓氏源由”篇的观点。

“原文”之“伯益之后，有嬴非子仕周孝王，牧马于汧、渭，有功，封附庸之国于秦”道理，显然根据《史记·秦本纪》的记载：

> 非子居犬丘，好马及蓄，善养息之。犬丘人言之周孝王……于是孝王曰：“昔伯翳为舜主畜，畜多息，故有土，赐姓嬴。今其后世亦为朕息马，朕其分土为附庸。邑之秦，使复续嬴氏祀，号曰秦嬴”。

前文已阐明“朕”的称呼自秦始皇始，汉代司马迁撰写《史记》时，却沿用之。

其实，所谓“附庸之国”，“秦”、“支子以国为氏”是颇具争议的。据《礼记·王制》获悉，附庸的大小在方圆五十里以下。《中国通史》也有记载：领地……天子管辖方圆千里；公和侯，方圆百里；伯，方圆七十里；子和男，方圆五十里。大国土地方圆百里，中等国家土地方圆七十里，小国则方圆五十里；方圆不够五十里的，不能与天子直接联系，附属于诸侯，叫做“附庸”。而且，“分土为附庸”，也应在周王畿内，《正义》则引自《括地志》云：以此“秦”为当时一个叫“秦亭”的小地名（在今甘肃清水县东北）。

因此，在“周初大分封”时，“支子以国为氏”也明显有违周代宗法制，只适宜“以邑为氏”。“至孙秦仲”其“秦”不是说明秦姓氏族早已形成了吗？

所以，秦姓氏族形成之理应以“以邑为氏”，才与《史

记·秦本纪》记载的“朕其分土为附庸。邑之秦……”相吻合，也理应在周孝王在位时，而秦姓氏族的始祖则非嬴非子莫属了。

尤

原文：“尤”徵音。吴兴郡。系出沈氏。五代王审知称闽王，国人姓沈者避审音，去水为尤。宋有尚书尤袤。

考释：古时吴兴郡，在今浙江省杭州市北、溪口一带。

“五代”——即是史称“五代十国”（公元907~960年）时代。《中国通史》记载道：五代十国是唐末藩镇割据的继续和发展，也是统一趋势不断增长的时期。五代时期北方战乱不休，十国相对稳定，南方经济地位开始上升。

所谓“五代王审知称闽王”，其实是，唐昭宗（李晔，公元889己酉立龙纪元年始，至904甲子天祐四年止），任命王潮（即王审知之兄）为福建观察使、威武军节度使。唐·乾宁四年（公元898年）初，王潮病逝，王审知接替了他的官职。后梁开平三年（公元909年），后梁朱温又封王审知为闽王。

“国人姓沈者避审音，去水为尤”，则是指当时在王审知管治下的福建境内的平民（即所谓“国人”）中，有沈姓氏族的人们（也就是所谓“系出沈氏”），忌其姓“沈”与“审”同音，容易误会“犯上作乱”；所以，他们只好改字（所谓“去水”），“为尤”——暗藏“沈”且简化为“尤”

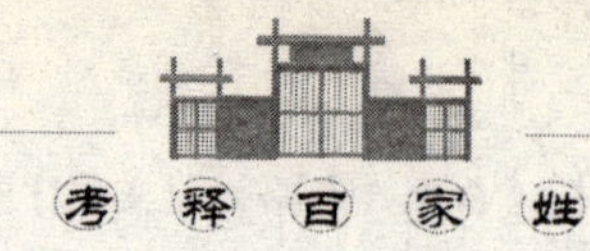

罢了。

在中国封建社会里，这种现象是屡见不鲜的。而且，这往往不仅是人的姓氏，甚至连地名也因而更改。例如，当今海外赤子闻名遐迩的地方——广东省南雄市珠玑巷，原叫“敬宗巷”，就是因避当时的唐敬宗而更改的。

许

原文：“许”羽音。高阳郡。系出姜姓，神农之裔。周武王封文叔于许，以主太岳之祀，其后以国为氏。

考释：古时高阳郡，在今河北省保定以南一带。

“神农”——乃史前史时、传说中的神农氏，后世又称之为炎帝。他和黄帝一样，是父系氏族中较大较有实力的部落首领，传说则神化了。不过，正因为有炎帝和黄帝的历史故事相传，才有我们以“中华民族炎黄子孙”为荣。

“神农之裔”也即是指“文叔”为炎帝的后裔。

“周武王封文叔于许，以主太岳之祀“则因早在黄帝时，正如《史记·五帝本纪》曰“诸侯威尊轩辕为天子，代神农氏，是为黄帝。”而黄帝“东至于海，登丸山，及岱宗……万国和，而鬼神山川封禅与为多焉。”已说明“以主太岳之祀”的重要性。

古时岱宗，即是称之为“太岳”，也就是指泰山。可见，“封文叔于许”乃是周武王委之以重任。“许”即今河南省许昌一带。“许国”立之，无疑更方便周王每逢山川封

禅盛典，由许国以地方财政筹办之。

所以，“其后以国为氏”既光宗耀祖也顺理成章的事情；同时，文叔显然是许姓氏族的始祖。

何

原文：“何”角音。庐江郡。系出韩姓。韩王安为秦所灭，其子孙避难，转音为何氏。汉有何休、何进。

考释：古时庐江郡，在今安徽省合肥以西、庐江县一带。

“韩王安为秦所灭”——有关史料是这样记载的：秦王十七年（公元前230），秦派内史腾率兵去攻打势力较弱的韩国，俘虏了韩王，韩灭。

该韩王即是韩王安。在《中国历史年代简表》可查知：公元前238癸亥，韩王安立元年，至公元前230辛未止。

不过，在这之前，所谓“韩”是由韩景侯于公元前409壬申而立。然而，当时的“韩”尚未受封之诸侯国，韩景侯亦只不过是一个有爵位的、奴隶主贵族，也是中原霸主——晋国朝中的大夫之一而已。

直到后来、也正如史载“三家分晋”所云，笔者在前文“韩”篇也已叙述过，“韩家”于公元前403戊寅终于成为诸侯国，并发展为中原大国，史称“战国七雄”之一。

可是，正如《中国通史》有道：战国时期，七雄角逐，变法运动此伏彼起，诸子百家蜂拥而动，著书立言；新兴的政治势力日益活跃，“战国四公子”以“养士”闻名，但也挽救不了自身的颓势。秦国经商鞅变法，势力日增，终致扫六合归一统，秦始皇实现了一统中国的壮志雄心。

秦灭韩后，并在韩所在地一带置颍川郡（郡治在今河南禹县）。所以，“原文”谓“其子孙避难”之意应指的是颍川郡内、尤其是河南省禹县一带的原韩姓氏族中的王室贵族那部分人群，惶惶然而隐姓埋名，继而“转音为何氏”，而不是包括所有韩姓氏族的人。

尽管如此，何姓氏族如果仍以韩王安为始祖的话，就说明了何姓氏族敢于正视历史，又能以前车之鉴为动力而奋发图强。事实上，从古至今。何姓氏族人才辈出。

吕

原文：“吕”羽音。河东郡。系出姜姓。神农后伯夷仕尧掌礼，佐禹治水，封于吕，世主太岳祀。周有吕尚，封齐。秦有吕不韦，其妾有娠，献庄襄王而生始皇帝。

考释：古时河东郡，在今山西省运城一带。

伯夷系炎帝（又称神农氏）的后人，所以“系出姜姓”。

《史记·五帝本纪》记载道：

> “……天下归舜。而禹、皋陶、契、后稷、伯夷、夔、龙、倕、益、彭祖自尧时而皆举用，未有分职。”

其译文也解释言之“……这些人，尧在世时就得到了任用，只是没有封邑和任命适当的官职。”

可见司马迁以及译者此言是符合当时原始氏族公社社会的历史背景的。这种观点，笔者已在前文有所阐明。

所以，“三王五帝”直至夏禹时，既因为“由口耳传说构成的历史”，就不适宜使用“仕”或“封”等之类的字眼了。另外，在原始氏族公社中有大大小小的部落或部族，更不应有称之“上古国”或“古国”的现象出现，以免混淆视听，误导读者。

因此，伯夷即使到了夏禹时，也应该解释为配合夏禹而分工合作且见功德于吕（今河南省南阳市西一带）。至于伯夷“掌礼”及“世主太岳祀”则正如《史记·五帝本纪》所记载，舜曰：“嗟！四岳，有能典朕三礼?”皆曰伯夷可。舜曰：“嗟！伯夷，以汝为秩宗，夙夜维敬，直哉维静洁。”……伯夷主礼，上下咸让……伯夷的平生功德，他的子孙必不能遗忘，更值“周初大分封”、姓氏林立之际，他们缅怀伯夷功德于“吕”，以邑为氏，并奉祀伯夷为吕姓氏族之祖也是在所必然的事情，无可厚非。

施

原文：“施”徵音。吴兴郡。系出姬姓。鲁惠公子施父之后。五代孙施伯，以高祖字为氏。孔子弟子施子常。

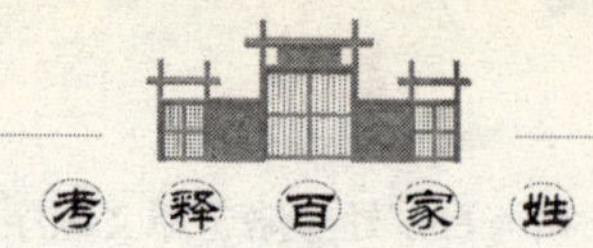

考释：古时吴兴郡，在今浙江省杭州市北、溪口一带。

鲁惠公——即东周初（春秋时代）的诸侯，他登位于周平王宜臼三年，即公元前768癸酉立为元年。

据《史记·鲁周公世家》记载（译文），鲁孝公去世，其子弗湟继位，这就是惠公。惠公去世，长庶子息摄政当国，代行君事，这就是隐公。这是因当初惠公的嫡夫人没有儿子，他的贱妾声子生了儿子息。息年长后，为他娶妇于宋。宋女到了鲁国，惠公因她容貌美丽，夺过来作为自己的妻子。生了儿子允，便将宋女升为夫人，以允为太子。等到惠公去世后，因为允年纪小的缘故，鲁人共同让息代理国政，不称即位。后来，公子挥派人到芳氏家中杀死了隐公，而立子允为君，这就是桓公。

桓公十八年春天，齐襄公与桓公夫人私通，恐怕东窗事发便假情假意地设宴款待桓公，桓公饮酒醉了，齐襄公派公子彭生抱鲁桓公上车，乘机命令彭生折断他的肋骨，桓公死在车上。事后，齐人杀掉彭生来取悦鲁人，鲁人拥立太子同为君，这就是庄公。当时，施伯仕庄公。

在史称“管仲相齐”一事中，施伯曾劝鲁庄公曰：“齐欲向管仲，非杀之也，将用之，用人则为鲁患。不如杀，以其尸与之。”庄公不听，遂囚管仲与齐。齐人相管仲，遂成为春秋时期第一位霸王。

由此可见，“原文”谓“鲁惠公子施父”——施父应为惠公的庶子。又因惠公到庄公时，只不过为第四代，施伯与庄公其实是叔伯兄弟，所以，施伯应为惠公的第四代孙，“原文”谓“五代孙施伯”则有误。

所谓“以高祖字为氏”，有人曾持不同的看法，并以为

"上古夏朝，有个诸侯国叫施国（在今河北恩施县境），国亡以后，其公族子孙就以国名为姓，世代相传，云云"。

查实，夏朝时，的确有所谓"施氏"、"鄅氏"、"防风氏"及"穷氏"等存在。然而，那些都是夏禹时部落联盟中的部落，并不是"诸侯国"，其"氏"也是后世的称呼而已。

《中国通史》也曾有这样的记载："不仅如此，夏桀还频繁地对周边部落用兵。桀兴兵纣伐有施氏……又发动了纣伐有鄅氏的战争……"

所以，笔者认为，"原文"谓指施伯在"支子不祭"的情况下，以自己的祖父——字施，为氏，是有道理的。而且，施姓氏族虽然在春秋时代鲁庄公期间才形成，但他们谥施父为始祖（高祖）是难能可贵的。

张

原文："张"商音。清河郡。黄帝第五子青阳生挥，观弧星，始制弓矢，为弓正，主祀弧，遂为张氏。周有张仲，汉有张良。

考释：古时清河郡，在今河南省濮阳东北一带。

《史记·五帝本纪》曰：

黄帝居轩辕之丘，而娶于西陵之女，是为嫘祖。嫘祖为黄帝正妃，生二子，其后皆有天下。其一曰玄嚣，

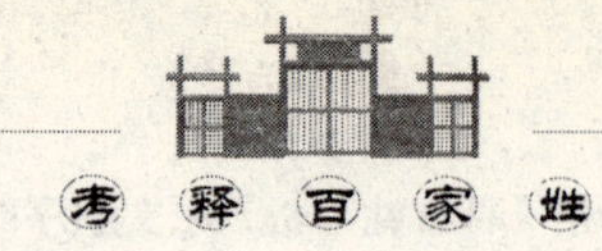

是为青阳，青阳降居江水。其二曰昌意，降居若水。

所以，“原文”——“黄帝第五子青阳”有误，应为黄帝正妃嫘祖所生之长子，才符合上述史记的记载。

《中国通史》有道：古书中有关黄帝的传说特别多，如用玉（坚石）作兵器，造舟车弓矢，染五色衣裳，螺祖（黄帝正妃）养蚕，仓颉造文字，大挠作干支，伶伦制乐器……

所以，“原文”之“……挥，观弧星，始制弓矢，为弓正，主祀弧，遂为张氏。”的说法，纵然与有关黄帝“造舟车弓矢”的传说存有差距；但，读者可想而知皆因传说（或以讹传讹?）而言之。

其实，所谓“弧星”，乃是古今天文现象之“流星”，而流星即是宇宙空间中其他恒星的陨石下坠时的特殊现象的观感。由于在宇宙空间中，地球（也是星球之一）是椭圆体；所以，发生陨石下坠时，在地球上的人们观望感觉流星作弧、弧线下坠而已，至今也很能吸引人们的注目。有时，“流星雨”更称之为奇观。

然而，若因“观弧星”而引发联想（或自圆其说）并知晓弓之张力，甚至“始制弓矢”的话，就恐怕太玄了。简直是天方夜谭的事情。何况，《竹书纪年》中记载夏桀时“夜中星陨如雨”，也是世界上最早的关于流星雨的记录。

另外，有一种说法更莫名其妙：相传，张姓出自黄帝之孙——挥。挥发明了弓箭，并因此而被黄帝任命为弓正（官名）。弓正，也叫弓长，两个字合在一起，就是“张”字。这就是张姓的最早由来。

这种说法似乎言之凿凿，但，他居然说“颛顼（张挥之父）”云云。

诚然，按字体而言，“弓”、“长”——“张”，也的确一目了然。可是，因此而臆断谓“这就是张姓的最早由来”就未免太富有想象力并超乎实际。

另外，《史记·五帝本纪》（续上）记载得很清楚：

> 昌意娶蜀山氏女，曰昌仆，生高阳。高阳有圣德焉。黄帝崩，葬桥山。其孙昌意之子高阳立，是为帝颛顼也。

由此可见，青阳之子——挥与昌意之子——高阳系属同辈，为叔伯兄弟。那么，“颛顼（张挥之父）”就不知所谓、何故由来了。即使以讹传讹或者道听途说，也不至于如此糊涂吧——除非连《史记》都不看一遍。

至于“原文”谓“挥，观弧星，始制弓矢，为弓正”及当今仍有人云亦云谓“挥发明了弓箭，并因此而被黄帝任命为弓正（官名）”云云是否事实，因鉴于“相传”便可姑且勿论。但，读者必须认识到按《史记·五帝本纪》注释者所言：“在未获得足够的实证之前，对夏代的历史尚无法得出确定的结论。传说在夏以前的‘五帝’时期同样为此……《尧典》作者搜集古代资料，将神话改作历史记载，又不懂其原意，遂致弄成大错……”

更何况想当然地以“弓”、“长”——“张”凑合，将相传的“挥”定格为“张挥”介绍之，就更不可理喻了。

诚然，从考古而知，汉字源自于古代的象形体（最早

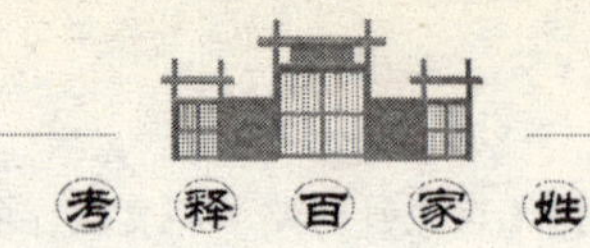

的简单刻划）。不过，想象力过分丰富而又脱离实际的话，可能也不一定都是好事。人，若果从空中飞鸟得到可飞行的启示，却马上想象将自己的双臂和双手作为飞翼并一意孤行地从高空试作飞翔，那就必然会致残、甚至摔死的。

当年（西汉时），司马迁因李陵而实话实说、得罪了汉武帝而受刑罚致残；但，他身残志不残地对过去的历史和资料（包括神话、传说）、对《史记》尤其是《史记·五帝本纪》都是抱着认真、负责的态度去编写的。他之所以在《史记·五帝本纪》乃至“周初大分封”前情有可原地运用所谓的“姓”和“氏”去分类分析原始社会中的母系及父系氏族公社历史（“史前史”及神话、传说中）的主要人物和纪事，乃是良苦用心之举，也好让读者易读易记而已。不过，读者也必须认识到，司马迁当时所指、所运用的“姓”或“氏”也并不完全等同“史前史”的实际状况，更不等同相传至今的姓氏。

所以，尽管《史记·五帝本纪》有云：“黄帝二十五子，其得姓者十四人。”包括后来的《国语·晋语》谓十四人实有十二姓，即姬、酉、祁、己、滕、葴、任、荀、僖、姞、儇、衣。其中青阳与夷鼓同为己姓，玄嚣与苍林同为姬姓（按《注释》）；但，当时的所谓“姓”在前文已阐明，根本不能作为“……青阳生挥……遂为张氏”的依据。

《中国通史》也道：相传黄帝有子 25 人，其中 14 人共得 12 姓。所谓得姓，大概是子孙繁衍，建立起新的氏族来。

其实，这“所谓得姓”及所谓“氏族”均是后世的称呼，也是为了方便将“史前史”分类分析而运用之的字眼，目的是避免用文字将尚未有文字的“史前史”的传说会出

现混淆不清的可能性减少到最低的程度。

《史记·五帝本纪》中有云：

> 乃命羲、和，敬顺昊天，数法日月星辰，敬授民时……日中，星鸟，以殷中春。其民析，鸟兽字微。

笔者特别留意这《注释》中有道，“鸟”，定春分的中星鸟。到殷代后期至西周初年制定二十八宿后，古代所称的鸟星（亦见于甲骨文）就成为朱鸟七宿的中间那一座叫“七星”的宿。七星的距星即西方天文字的长蛇座。朱鸟七宿是：井、鬼、柳、星（即七星）、张、翼、轸。朱鸟一词当即由古代鸟星合“南方朱雀”的概念而成。

仅此而知，“张”字（甲骨文体）最早是出现在《卜辞》之“朱鸟七宿”中、在“到殷代后期至西周初年制定二十八宿后”的。

“卜辞”也叫“契（刻的意思）文”、“甲骨文”、“殷商文字”。因在清·光绪二十五年（即公元1899己亥）发现殷墟遗址——在河南省安阳县城西北五里的小屯村，经考证是古代殷商王朝的首都。考古发掘时，同时发现古人用刀刻在龟甲兽骨上的文字。

因此，读者完全可以判断，“五帝时期”乃至夏禹及夏王朝初时，“张”字（甲骨文）根本尚未出现，又何来“黄帝任命”、“为弓正”之由？即使是“相传”，也就是以讹传讹了。何况，“还有牧正、车正、庖正等官吏”在《夏礼》才出现。

至于现在河南省濮阳市濮阳县城东关老虎台地的张挥公

园，保存有挥公墓、挥公碑、挥公像等景点也是近代善良的张姓氏族人们热心为寻祖问祖而建成的。他们视“挥”为始祖，也皆因以讹传讹而误。

不过，笔者认为，张姓氏族的形成又确是因“弓矢”而来的。那不是“史前史”的传说，而是有文字（最起码有甲骨文）记载为依据的。

《史记·周本纪》中有一段《注释》道：十七年（笔者加注：指周襄王十七年，即是公元前635丙戌），襄王向晋告急，晋文公送王回国并杀死叔带。襄王因此赐给晋文公圭瓒、秬鬯、弓矢，封他为伯（注：一方霸主，古时“伯”与“霸”同音），把河内（注：太行山以南、黄河以北的地方）的土地赐给晋。二十年（注：即襄王二十年、公元前632乙丑），晋文公召（注：即是不可不从之意）襄王，襄王与他在河阳（注：邑名，在今河南孟县西）、践土（注：邑名，在今河南原阳县西南）会见，诸侯都来朝见，史书（注：见《左传》）加以掩饰，说是“天王巡狩至于河阳”。

这也就是后续所谓“公元前623年晋、楚城濮（注：即今河南濮阳一带）之战，楚军大败，晋文公称霸”的简述。

那时候，晋文公的子孙理所当然而引以为荣了，他们更将天子（襄王）所赐的弓矢视为宝物，认为天子之弓力必为其他弓箭所不能及而见长（即有力、射程远且杀伤力强）的。于是“弓”之“长”的概念便出，再加上有“朱鸟七宿”之“张”字为基础，又取其吉祥之意。晋文公的“支子”虽然“支子不祭”宗祖，但始终不可忘怀晋文公（晋献公的次子——重耳）的功名显赫，所以他们便以张为氏，

张姓氏族立之岂不是顺理成章且一目了然?

故此，张姓氏族始祖应为晋文公——重耳。

孔

原文:“孔”角音。鲁郡。系出子姓。武王封商微子于宋，至闵公捷生弗父何，何玄孙嘉字孔父。孔父孙睾夷父以祖字为孔氏。夷父子防叔仕于鲁国。防叔孙叔梁纥生孔子。又卫有大夫孔文字圉。〇睾，音亦。圉，音语。

考释:古时鲁郡，在今山东省曲阜一带。

有关“武王封商微子于宋”，在《中国通史》有记载：宋国是商贵族微子启的封国，都商丘（今河南商丘），统治商早期活动的地区。武王伐纣时，微子自缚归降于周，后来也未参加武庚（笔者注：即商纣王之子）的叛乱活动。武庚被杀后，微子作为商朝的后裔受封于宋国。宋国周围还封了杞、陈、蔡等小国。这些国家都靠近徐夷、淮夷（笔者注：指是经常作乱并威胁周朝安全的夷族），是周朝东南的屏障。

“至闵公捷生弗父何，何玄孙嘉字孔父”即指弗父何的孙子——嘉，字孔父。孔父孙睾夷父生子——防叔，防叔孙叔梁纥生孔子，在《史记·孔子世家》也有交代：鲁襄公二十二年（注：即是公元前551庚戌）而孔子生。

继而又介绍，孔子17岁那年，鲁国的大夫孟釐子说：“孔丘（即孔子）……他的祖先弗父何本来应该继承宋国的

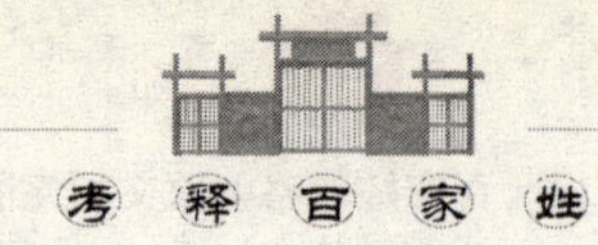

王位，结果让给了厉公。”

由此可见，“原文”是准确无误的。

因为，到了孔父的孙子——罼，字夷父时，按宗法制已经不能“以国为氏”，但以（祖）字为氏，也不失为尊敬祖先之举。

又按当时的年代推算，孔姓氏族应始立于周宣王在位期间，人们以罼夷父的祖父——即嘉，字孔父为始祖。

曹

原文：“曹”角音。谯郡。颛顼五世孙陆终第五子安，大禹赐为曹姓。邾国、黎、郳皆其后也。又姬姓。文王子曹叔振铎封国于曹，其后以国为氏。鲁有曹刿。邾国之曹，世居谯郡。汉有曹参，后裔曹腾为中常侍，养甥夏侯氏之子嵩为子，生操，为汉相；子丕，代汉为魏文帝。〇颛，音专。顼，音旭。刿，音贵。

考释：古时谯郡，在今河南省商丘一带。

据《史记》之《注释》介绍：“曹叔振铎”，周文王子、武王弟。武王灭殷后，封于曹（今山东省定陶县）。

读者可见，武王时，“封于曹”，而“曹”最初还是一个地区的名称，并不见得是所谓的“姓”。夏禹时，也不应有“封”或“赐”的制度。

所以，谓“大禹赐为曹姓”及“曹叔振铎”甚为不妥。在周武王灭纣的第二天，《史记·周本纪》的记载十分清楚："……武王弟叔振铎奉陈常车……"，其注释也道："叔振铎"，据说，是文王第六子，后封于曹。

这，"乃是周武王即位而封诸侯，班赐宗彝，作《分殷之器物》"的时候。随之以后，"封建立国"才导致"曹国"及"以国为氏"的成立。

因而，"原文"谓之"大禹赐为曹姓"以及"文王子曹叔振铎国于曹"，会使读者产生不同程度的误解。

即使夏禹时已有"曹"，也只能与商代的"周"，又称"周人"一样，可以肯定不是如同"周初大分封"后的姓、氏的。

故此，曹姓氏族在周武王时形成，其始祖是叔振铎才名副其实。

严

原文："严"宫音。天水郡。楚庄王庶孙，以王父谥为氏。后避汉明帝讳，改庄为严。凡《汉书》严青翟、严助、严遵、严光，皆生时姓庄，死后史官改其姓为严也。

考释：古时天水郡，在今甘肃省兰州以东、天水及陕西省宝鸡以西一带。

在西周共和时，"楚"还是一个番邦夷族部落，也有人称"番邦夷国"。所以其部落首领称"楚熊严"（公元前837甲子为元年）。

到了周宣王在位的时候，它依然以"楚熊霜、徇、鄂"

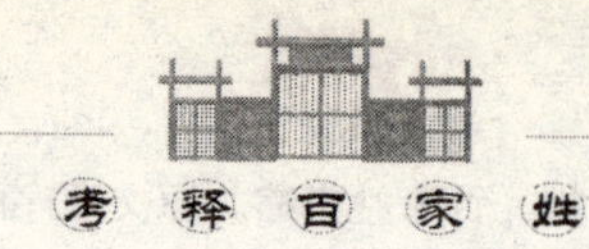

名列为首领。即使到了春秋时代（东周周平王在位）初，楚霄敖（公元前 763 戊寅立元年）至楚蚡冒（公元前 757 甲申为元年），他们还是周之番邦夷族部落的首领。

当时的"楚"在中国南部（指相对当时列国及众多部落而言），向来不和中原诸侯来往。不过，楚人不断开垦南方的土地，又逐步征服、吞并了附近的一些部落，因而强大起来。

后来，楚人的首领干脆自称楚王，不把周朝天子放在眼里。这就是楚武王，于公元前 740 辛丑立元年。这一年，也就是周平王宜臼三十一年。

从此之后，乃至楚成王（公元前 671 庚戌立元年），楚国日益强大"楚地千里"，又向北扩张。

尽管齐桓公是春秋时期的第一位霸主，他又以"尊王攘夷"为旗帜，联合诸侯，抗击夷狄，并提高自己的威望，发展自己的力量。而且，齐又率诸侯国伐楚（时为公元前 656 年），观兵召陵（今河南郾城），迫使楚订立"召陵之盟"，令楚国北进的锋芒受挫（见《中国通史》）。

但是，公元前 613 年楚庄王继位后，采取一系列严治励政的措施，发奋图强，为"国人大悦"，政局稳定，国力也更加强盛了。史称"问鼎"的典故，就发生在楚庄王"北上陈兵周郊，周天子派王孙满慰劳楚师"的时候。因而，楚庄王最终也成为中原霸主。

所以，"原文"谓之"楚庄王庶孙，以王父谥为氏。后避汉明帝讳，改庄为严。"也颇有道理。因为"支子不祭"而以谥为氏，加上正当汉明帝（公元 58 戊午即位，立东汉永平元年）——刘庄在位，庄姓氏族中（尤其是原楚庄王的后裔、支子贵族们）避讳而改之，也毕竟是封建时代习以为常的行为。

可惜“原文”作者王相对“改庄为严”的理由，却没有加以说明和给予肯定的依据。读者也许会问：“改（姓）庄”为什么可“为（姓）严”，又为什么一定要“为严”？

笔者以为，这很可能与上述之“楚熊严”有关，改之则以字（严）为氏又不离其“宗”，恐怕也是最适当不过的事情。同时，这也说明楚庄王的后裔认识自己过去的历史，精神可嘉。

华

原文：“华”角音。武陵郡。系出子姓。宋戴公孙督食采于华，以邑为氏。世为宋卿。齐有华周，汉有华佗、华歆。

考释：古时武陵郡，在今湖南省怀化北及花桥一带。

从《中国历史年代简表》可查知，在西周周宣王在位之二十九年、即公元前799壬寅为宋戴公元年。到了“三十四年，戴公卒，子武公司空立。”又“宣公卒，弟和立，是为穆公。”又“穆公卒，兄宜公子与夷立，是为殇公。”（见《史记·宋微子世家》）都已是东周春秋朝代了。

宋殇公时，“督”——宋戴公的孙子已是“太宰”，即为国君家务总管。继而，“庄公元年，华督为相”。当时的“相”官，别称上卿、宰相，为六卿之首，总理国政。而且以“华督”姓名记入史册（《史记·宋微子世家》）。

可见，“宋戴公孙督食采于华”是在宋殇公之前的事情，“以邑为氏”后才见得有谓“华督”之称。“世为宋卿”也理所当然了。

当时的“华”邑，在商殷畿内，为今河南省安阳市西北郊。而当时“殷”——“它的范围是以小屯村为中心，包括分散在村北洹河两岸的一些地方，东起自后岗，西至北辛庄，南起自铁路苗圃，北至西北岗，总面积有42平方公里。”（见《注释》）

金

原文：“金”角音。彭城郡。少昊金天氏之后。又汉灭休屠国，以王子日磾入侍大庭，后以功封侯，赐姓金氏。○休屠，音朽除。日磾，音密低。

考释：古时彭城郡，在今江苏省徐州一带。

有关“少昊金天氏”，正如《史记·五帝本纪》其《注释》有道，在古代传说中，古帝名（“帝”是后世的称呼）本来是很多的。但是，自从战国后期流行“五行说”以后，什么都要配成“五”，于是就要在许多古帝中拉出“五个”来抵充“五帝”，因而先后出现过四种“五帝”说：第一，前期五帝说，此说五帝为黄帝、颛顼、喾、尧、舜。今见于《大戴礼记·五帝德》、《帝系》、《吕氏春秋·古乐》、《尊师》、《史记》……第三，战国未提出的五帝说。此说五帝为太昊、炎帝、黄帝、少昊、颛顼。今见于《吕氏春秋·十二纪》、《礼记·月令》、《淮南子·天文训》、《时则训》第四，汉·晋编定五帝说。此说五帝为少昊、颛顼、喾、尧、舜。今见于《世纪》、伪《孔安国古文尚书序》，自晋皇甫谧《帝王世纪》至清代，一直承用此五帝说。

所以，《中国通史·传说中的原始社会》认为，据《汉书·律历志》中的《世纪》所述，历史上第一个帝王是太昊伏羲氏，代表渔猎经济时代。第二个是炎帝神农氏，教民耕种，翻开历史的新篇章。以后，黄帝轩辕氏取而代之，创造了文明因素。再发展，少昊金天氏、颛顼高阳氏、帝喾高辛氏、帝尧陶唐氏、帝舜有虞氏、伯禹夏后氏相继而立。这个古史系统，原则上符合人类社会经济、文化演进的规律以及由各个历史文化区融合而成的中华文明，因而流传极广。

《中国通史·原始社会人物图鉴》中，还有介绍：少昊——传说中东夷部落首领，一说五帝之一。昊又作皞、皓、颢，又称青阳氏、金天氏、穷桑氏、云阳氏、或称作朱宣。相传为己姓，名挚，系黄帝之子。继太皞氏而立。生于穷桑（今山东曲阜北），居于奄（今山东曲阜）。相传17岁即位，凤鸟适至。故纪于鸟，以鸟为图腾，以鸟名官：凤鸟氏、玄鸟氏、青鸟氏、丹鸟氏、祝鸟氏、鴡鸠氏、鳲鸠氏、爽鸠氏、鹘鸠氏、五雉、九扈氏、各有分司。在位84年。春秋郯国即其后裔。

不过，笔者以为，该“介绍”使用“名官”、“氏”、“分司”等字眼，若不加以“是后世的称呼”注释之，难免会令读者产生不必要的误解。

“原文”谓“又汉灭休屠国，以王子日磾入侍大庭，后

以功封侯，”一事，在《中国通史·反击匈奴》篇中，是这样记载的：“……汉朝在元狩二年（公元前121）三月，命将军霍去病率骑兵万人出征，发动了河西战役（河西郡在今甘肃的武威、张掖、酒泉等地，因位于黄河之西，自古称为河西，是内地至西域的通道）。霍去病领兵出陇西，经金城（今甘肃兰州北）、今居（今甘肃永登西），越乌鞘岭，穿过匈奴所属的五个王国，连战连胜，然后越过马支山，涉千余里，和匈奴军队短兵相搏，大获全胜，杀其卢胡王、折兰王，俘虏浑邪王子及相国、都尉等，歼敌8960余人，缴获休屠王的祭天金人……同年夏天，霍去病再次西征，与合骑侯公孙敖领数万骑兵，从北地（今甘肃庆阳西北）出发，越贺兰山，绕居延泽，在祁连山与合黎山之间的黑河（今弱水上游）流域大破匈奴浑邪王，休屠王的军队，俘虏其五王及王母、单于阏氏、王子59人……武帝将他们安置在陇西、北地、上郡、朔方、云中五郡黄河以南的故塞之外，为五属国……”，这样，“原文”又谓“赐姓金氏”就符合“诸侯赐卿大夫为氏”的传承了。

这也说明，金姓氏族始立于汉武帝时，其始祖休屠王子日磾。

魏

原文：“魏”宫音。巨鹿郡。系出毕公高。裔孙毕万，仕晋为大夫。食采于魏，世为晋卿；至魏斯分晋为诸侯，以国为氏。秦有魏冉；汉有魏无知、魏相。

考释：古时巨鹿郡，在今河北省邢台一带。

“系出毕公高”言出自《史记·魏世家》谓“魏之先，毕公高之后也。”

其《注释》道，《索隐》曰：“《左传》富辰说文王之子十六国有毕、原、丰、郇，言毕公是文王之子。”

《史记·魏世家》又言之“其（指毕公高）苗裔曰毕万，事晋献公。”、“献公之十六年……以魏封毕万，为大夫。”其《注释》道，毕万于晋献公十六年伐霍、耿、魏之役，受封于魏，为魏大夫，是晋卿魏氏始祖。

“魏”，在今山西芮城北。

由此可见，毕万由于“仕晋为大夫，食采于魏，世为晋卿”，所以得以“诸侯赐卿大夫为氏”——魏氏。不仅符合周代之《礼记》大礼正义，而且说明了魏姓氏族以邑为氏始立于晋献公十六年，即公元前661年，毕万为始祖。

即使其后“至魏斯分晋为诸侯”，然而，“以国为氏”这种观点则是错误、本末倒置的。

陶

原文：“陶”徵音。济阳郡。系出陶唐氏。唐尧始封于陶，支子因氏。周有陶答子，汉有陶青。

考释：古时济阳郡，在今河南省商丘以西一带。

有关“系出陶唐氏”，首先要了解传说中的“唐

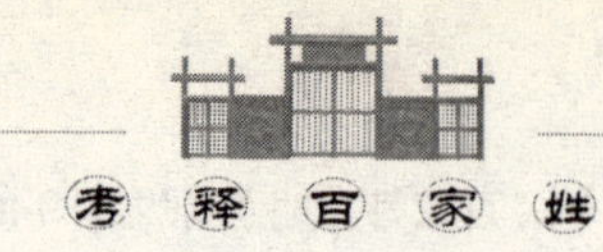

尧”——“帝尧”的由来。

《史记·五帝本纪》记载道：“帝喾娶陈锋氏，生放勋……帝喾崩，而挚代立。帝挚立，不善，而弟放勋立，是为帝尧。”但，战国末西汉初出现的《世本》云：“帝喾卜其四妃之子，皆有天下。上妃有邰氏之女，曰姜源，而生后稷；次妃有娀氏之女，曰简狄，而生契；次妃陈酆氏之女，曰庆都，生帝尧；下妃鲰訾氏之女，曰常仪，生挚。”

“帝尧”，始见于《国语》、《左传》、《天问》等书。《世本》、《帝系》则称“帝尧为陶唐氏”。

《注释》道，顾颉刚先生以为尧、陶一音，可能有关，而尧与唐则是战国人撮合到一起的。“五帝说”出现后，大抵尧当是古时居今山东省定陶县一带的称为陶的部族的宗祖神。这神也可能是该族一个杰出首领神化的结果。加上后来种种传说，或说尧曾居唐（在今河北省定县一带）……

所以，“系出陶唐氏”据上述为由大抵说得过去；然而，“原文”谓“唐尧始封于陶”，尤其说“封”就不大妥当了。

又据《史记·五帝本纪》之记载：

> “舜年二十以孝闻。三十而帝尧问可用者，四岳咸荐虞舜，曰可。于是尧乃以二女妻舜以观其内，使九男与处以观其外。”
>
> “尧知子丹朱之不肖，不足授天下，于是乃权授舜。”

因而可见，帝尧有九男（子）。

由于丹朱为“嗣子”即是嫡子，所以，帝尧其他的儿子均为“支子”，只可惜其后裔情况却因种种原因，导致《史记》不详。

故此笔者认为，帝尧其支子的后裔，到了“周初大分封”时也必然因势利导地以远祖——帝尧居于之邑（今山东省定陶县、又简称陶县）为氏，并奉祀帝尧为祖先，乃是情有可原的。

因此“原文”谓“支子因氏”也有一定的理由。

姜

原文：“姜”商音。天水郡。系出神农氏。神农生于姜水，因姓姜氏。黄帝时，神农氏子孙，世主太岳之祀。周武王封吕望于齐，以主太岳，复赐姓姜氏。汉有姜诗、姜维。

考释：古时天水郡，在今甘肃省兰州以东、天水及陕西省宝鸡以西一带。

《史记·五帝本纪》的《注释》有道，“神农氏”，传说时代其中一个部族首领，以善耕植懂医药著称。西汉末《世经》以后将神农与炎帝合二为一，先秦古籍则神农与炎帝并列。“炎帝”，传说时代姜姓部族的宗祖神。据《国语·晋语》知该部族生息在今陕西省渭水流域，是生息在今甘肃、青海地区的羌族的分支。“羌”字从羊从人，“姜”字从羊从女（笔者加注：从此可见“姜”系由原始社会母系氏族的“羌”分支而成，也即是始于母系氏族直至父系

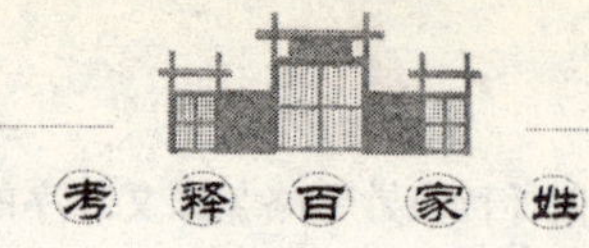

氏族的一个称呼）。羌族、姜族应为与游牧相关的部族。

《国语·晋语》曰："黄帝以姬水（今陕甘的渭、湟之间）成，炎帝以姜水（经岐山、扶风、武功入渭之岐水）成，故黄帝为姬，炎帝为姜。"几十年来，考古工作者在传说中的姬、姜两族生活的区域（湟、渭流域）内，陆续发现了新石器时代仰韶时期、龙山时期先民活动的大量遗址、遗物。著名的如：甘肃秦安大地湾（距今六七千年）、陕西西安半坡（距今六千年）、宝鸡北首领（距今六千年）、甘肃临洮马家窑（距今四五千年）、广河齐家（距今三四千年）、陕西西安客省庄（距今四千年）。在上述地区还发现了距今四千年前后的原始铜器（参见中国社会科学院考古研究所编著的《新中国考古发现与研究》、《考古学报》1981年第三期《中国早期铜器的初步研究》等）。说明了这个地区是中华文明起源的重要发祥地。传说中的炎、黄帝时期应已进入父系氏族社会，大体相当于新石器时代的龙山前期。

不过，读者必须更加认识到，也正如笔者在前文多次指出，所谓的"三王五帝"、"氏族"、"氏"、"姜姓"及"姬姓"等等均是后世（即商周后）的称呼，作用于著书立论，有的放矢。

所以，笔者认为，"原文"谓之"神农生于姜水，因姓姜氏"，尚不能解释为姜姓氏族始，且言之过早。

情理之中，应该是：当周武王封吕尚（太公望，而不是吕望）于齐，其子孙又以国为氏的时候，炎帝（后世又称神农氏）的后裔，便以炎帝的出生地"姜"为氏，且奉祀炎帝为始祖，不足为奇。

因此，“原文”谓“复赐姓姜氏”既无依据，又过于牵强难以服众，不可取之。

戚

原文：“戚”商音。东海郡。卫大夫孙林父食采于戚，支子以邑为氏。汉有戚鳃，高祖戚夫人父，封临辕侯。

考释：古时东海郡，在今山东省临沂、河东一带。

“卫大夫孙林父”即“孙文子”，春秋时卫国大夫。卫定公五年（公元前 584 年），因得罪定公而出奔晋。十二年，依仗晋国支持，定公不得已而复其职。后又和大夫宁殖废献公而立定公弟，是为殇公（见《史记·卫康叔世家》之《注释》）。

《史记·卫康叔世家》又云：

> “殇公秋立（注：公元前 558 癸卯立元年），封孙文子林父于宿。”

《注释》道：“宿”，春秋时卫国邑名。在今河南濮阳北。或作“戚”，《史记志疑》云：“宿、戚，古字通用。”

所以，“原文”谓之“卫大夫孙林父食采于戚，支子以邑为氏”是正确的。而且，戚姓氏族之始祖也应为孙林父。

谢

原文：“谢”商音。陈留郡。周宣王封舅申伯于谢，支子以地为氏。晋为谢安。

考释：古时陈留郡，在今河南省郑州南、商丘西邻陈郡一带。

《中国通史》介绍道，据铜器铭文记载，自周初以至厉王、宣王之世，周王朝和东夷、淮夷诸部落间，不断地发生战争。厉王时南方又有许多战争。《后汉书·东夷传》说“厉王无道，淮夷入寇，王命虢仲征之，不克。”《虢仲盨》铭亦载：“王南征，伐南淮夷。”

西周时楚人分布在汉水流域到长江中游的两岸，也和周不断发生冲突。在西周早期的铜器铭文中，一再提到周人“伐楚荆”、“伐反荆”的事。古书中记昭王率师远征楚人的记载颇多。说昭王打了败仗，“丧六师于汉”，昭王最后死在汉水之中，表明楚人是难以制服的。

《中国通史》还介绍说，宣王时，宣王封其舅申伯于谢（今河南南阳），谢是周通向楚的门户，宣王封申伯一事，可能是为了加强对南面的攻守。与此同时，周人的军队又出现在江汉地区。《诗·大雅·江汉》说：“江汉之浒，王命召虎，式辟四方，彻我疆土。”又说：“于疆于理，至于南海。”经过频繁的战争，江汉流域在宣王时曾被划入周的势力范围之内。

因此，申伯“支子以地为氏”；“地”即食地，又视申伯为谢姓氏族之始祖时，应在周宣王在位之初。

邹

原文：“邹”商音。范阳郡。周曹挟封于邾，战国时改国号邹，支子以国为氏。周有邹衍，齐有邹忌，汉有邹阳。

考释：古时范阳郡，在今河北省张家口西南、怀安一带。

《史记·鲁周公世家》云：“八年，吴为邹伐鲁，至城下，盟而去。”其“八年”即是春秋时鲁哀公八年（公元前487甲寅）。

《注释》道：八年，吴国为邹国而讨伐鲁国，打到国都的城下，订立盟约后离去。

因此，“原文”谓“周曹挟封于邾，战国时改国号邹”明显是一种误解。

据宋人邓名世的《古今姓氏书辩证》介绍，“邹”，系出子姓，为商殷之微子启之后。公元前11世纪，商纣王庶兄微子启在原商都周围地区建立了宋国。他死后，由弟第衍继位。衍的裔孙正考父，做了宋国的上卿，被封在邹（今山东邹城东南），考父的第五世孙叔梁仡以邑名“邹”为姓。

《史记·宋微子世家》有云：

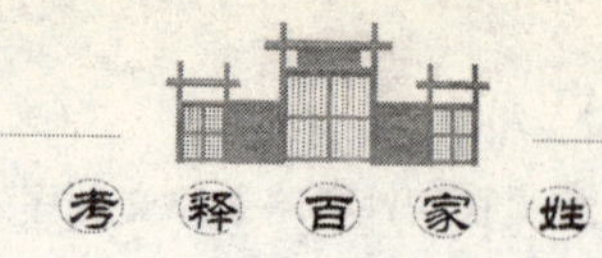

“微子开者，殷帝乙之首子而帝纣之庶兄也。”

《注释》道：微子的母亲生微子时还是妾，至生纣时已是正妃，所以，微子为纣的同母庶兄。西周初年，周公东征平定武庚（纣王之子）叛乱后，另立归顺周王朝的纣王庶兄微子启建立宋国，都商丘，统治原商都周围的殷商遗民。

《史记·宋微子世家》又曰：“微子开卒，立其弟衍，是为微仲。”又云：“《春秋》讥宋之乱自宣公废太子而立弟，国以不宁者十世。襄公之时，修行仁义，欲为盟主，其大夫正考父美之，故追道契、汤、高宗，殷所以兴，作《商颂》。”

由上述可见，“大夫正考父”封于邹，是在宋襄公在位（公元前650辛未至公元前636乙酉）期间。其支子因“支子不祭”所制约，只能以邑（邹）为氏，而不是以国为氏。邹姓氏族以“正考父”为始祖也无可厚非。

喻

原文：“喻”羽音。江夏郡。郑之公族。汉苍梧守谕猛，改姓喻氏。

考释：古时江夏郡，在今河北省武汉西南、江夏一带。

《史记》和《注释》中，多处指出，“公族”，指国君同族。

然而，笔者认为，郑桓公友时，郑氏一族，不仅为之

“公族”；而且，其声誉超过一般的“公族”。

《史记·郑世家》译文有道：“郑桓公友，是周厉王的小儿子、周宣王的庶弟（笔者加注：按周代宗法制，除长子为嫡子外，其他儿子均为支子，亦称庶子）。周宣王在位第二十二年，友开始被封在郑。友受封后第三十三年，百姓都很安适而爱戴他。周幽王任命友为司徒。友团结安抚宗周百姓，宗周百姓都很高兴，连黄河与雒水之间成周百姓也感安适而思慕他。”

读者由此可见。郑桓公友时，其郑氏一族深受当时的百姓拥护和爱戴，其声誉真可喻为有口皆碑了。

到了汉代，尤其是司马迁《史记》问世后，有好学且思慕之人——苍梧太守谕猛，故此“改姓喻氏”，诚之有理。况且，“谕”古时与“喻”相近，不失两全其美。

柏

原文：“柏”商音。魏郡。系出柏皇氏。上古有柏招。为炎帝师；柏同，为帝喾师，封国于柏。汉有大鸿胪柏英。

考释：据《史记·秦本纪》之《注释》道，“魏”郡，在今山西芮城县。周所封。然而，再据《汉书·地理志》记郡沿革，称“秦置”之“三十六郡”名有：河东、太原、上党、东郡，颍川、南阳、南郡、九江、巨鹿、齐郡、琅琊、会稽、汉中、蜀郡、巴郡、陇西、北地、上郡、云中、雁门、代郡，上谷、渔阳、右北平、辽东、辽西、南海、长

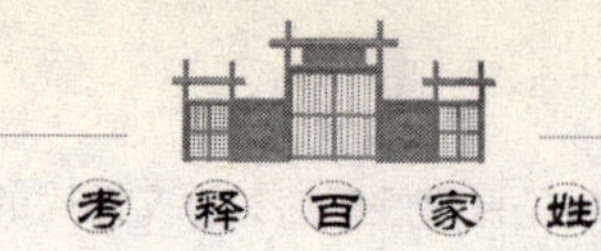

沙、三川、泗水、九原、桂林、象郡、邯郸、砀郡，薛郡，共三十六。这，却不见有“魏郡”。

不过，《史记·楚世家》的《注释》曾有介绍：“大宋、方与二郡”，皆魏郡，大宋，辖境有今河南商丘及安徽砀山等地，方与辖境有今山东嘉祥以南金乡等地，并包括今江苏丰县一带。

尽管当今编写“百家姓”的绝大多数作者，出于种种考虑、有意无意地避而不谈“喻”、“柏”等姓；但，《新华字典》为“柏”字作解：②姓。

故此，王相“考”之“汉有大鸿胪柏英”也必然。

不过，王相谓之“上古有柏招。为炎帝师；”不知根据何在，也未见“传说”之何处？“柏同，为帝喾师，封国于柏。”之说，《史记·五帝本纪》不详，无可考究，且当时“封国于柏”也是不可能存在的。

因为，“帝”乃是后世（最早见战国时期）的称呼，当时的“帝喾”即使按“传说”而言，充其量也只不过为“部族联盟”的首领，而所谓“部族联盟”之称呼也同样是后世之作。况且，原始社会是根本不可能提前于封建社会而出现“分封”诸侯乃至“封国”的现象的。

所以，即使“封国于柏”在《史记》中不详；但，它理应在“周初大分封”、“封建立国”的期间，而不是在所谓“为帝喾师”之时。正如俗语云“百变不离其终”，终归还必须有个分水岭，才可能泾渭分明。

水

原文：“水”宫音。吴兴郡。系出姒姓。明鄞县有水甦民，其先世以禹王庶孙留居会稽。以水为氏，科第甚蕃。又有水丘氏。复姓。

考释：古时吴兴郡，在今浙江省杭州市北、溪口一带。

“水甦民”，其“甦”同“苏”字解。《新华字典》中，一解为假死后再活过来：甦醒——死而复生。所以，“原文”谓“又有水丘氏。复姓。”均“以水为氏”。

“其先世以禹王庶孙留居会稽”，“会稽”即今浙江省绍兴市一带。而所谓“禹王”，则是史称“夏禹”，又称大禹，即建立中国历史上第一个奴隶制王朝的“启”的父亲。由于大禹死之前，夏王朝尚未成立，大禹也还是当时（传说中）的夏氏部落联盟的首领，所以，称“禹王”显然不当。

《史记·夏本纪》有云：“夏禹，名曰文命”，“文命”，在古代史料中，其实是赞颂之词。正如《注释》有道：“《孟子》以放勋称尧，《离骚》以重华称舜，《史记》皆承用之，故又以文命为禹名。其实它原是史料中赞颂之词而非人名。古代又有洪水的传说，神话结合到传说里，禹就成了治理洪水，疏导山川，划分九州的大圣人，故称大禹。”

由于大禹治水功成，“于是九州攸同，四奥既居”（见《史记·夏本纪》），即是说，九州都同样地好了，四方地境之内已可居住；又因“禹东巡狩，至于会稽而崩”（见《史

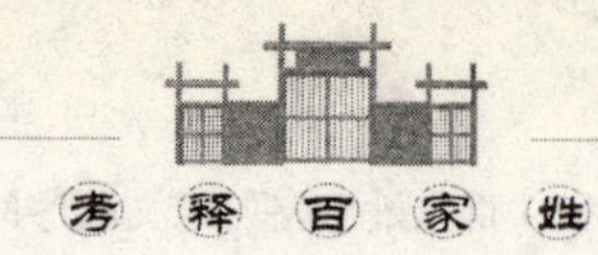

记·夏本纪》)，大禹的“庶孙留居会稽”也自然有理由了。

到了周初大分封时，武王追怀古代的圣王，因而嘉封大禹的后代于杞（见《史记·周本纪》)。然而，留居会稽的大禹的庶孙又因“支子不祭”的宗法制所约束，难以得到正姓。

不过，周之《礼记·典礼》“天子之六府曰司土、司木、司水、司草、司器、司货、典司六职”让大禹的庶孙找到灵感，便“以水（职）为氏”。这样，他们既能缅怀先世（大禹治水）的功德，又有得以庶姓。

因而，水姓氏族理应在周初大分封暨《礼记·典礼》颁布后形成。

原文谓“以水为氏，科第甚蕃”；但，所谓“科第”即隋唐始的科举制时，考中叫及第，又称科第。所以，称之“科第甚蕃”时期，与“以水为氏”的年代相距太遥远、也太离谱了。

窦

原文：“窦”徽音。扶风郡。系出姒姓。夏帝相后有仍氏，遭寒浞之难，逃出自窦。而生少康。少康次子龙留。居有仍。以窦为氏。晋有窦鸣犊，汉有窦婴。

考释：古时扶风郡，在今陕西省扶风以东、武功以西一带。

“夏帝相”即是《史记·夏本纪》所云“中康崩，子帝

相立”而称之。不过，《注释》还指出：“帝”字为司马迁沿用战国后字义，对夏后的误称。自春秋以上，帝皆指上帝，不指人王。尧、舜、禹等加“帝”字，系沿袭古代神话中原称呼。他们成为部落联盟时期选举产生的首领，则并不称“帝某”。至夏启后才开始在中国历史上第一次建立世袭的夏王朝，当时君主名称只称“后”而不称“帝”。

其实，在“遭寒浞之难”之前，已发生了史称“后羿代夏”的事故。《中国通史·夏朝》介绍道：太康死后，仲康继位，政权掌握在羿（笔者注：即黄河北有穷氏部落首领后羿）的手中，仲康当了一个时期傀儡。仲康死，羿赶跑了仲康之子相，自己正式当了国王。这就是“后羿代夏”。

至于“遭寒浞之难”，《中国通史·少康中兴》又介绍道：相被赶跑后，逃到同姓斟灌氏那里，依靠斟灌氏和斟寻氏的力量，在那里避居起来。

羿担任国王后，统治并不稳定，内部矛盾重重。

羿善射，经常外出田猎，一去很久不归。《左传》说他“不惰民事，淫于原兽”，整天醉心于游猎活动。平日，任用寒浞代他治理国事，但寒浞对羿怀有二心，私自培植自己的党羽，企图篡夺王位。趁羿外出田猎的机会，勾结羿的“家众”，将羿杀死了。

羿死后，寒浞取而代之，担任了国王。寒浞有二子，长子名浇，次子名豷。这时，相还避居在外，这对寒浞政权有很大威胁。为免除后患，寒浞派其子浇灭掉了斟灌氏和斟寻氏，杀死了相。相妻后缗为有仍氏之女，这时已怀孕，在紧急中从小洞逃跑——这就是“原文”谓之“逃出自窦”了。

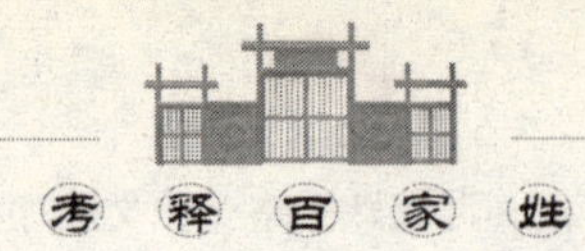

“窦”,《新华字典》解释之一为“孔”或“洞”。

《中国通史》继而又介绍：后缗逃至其母家有仍氏处，生子少康，少康长成后，任有仍氏牧正。

这时寒浞的政权为浇所掌握。浇又欲杀少康，少康逃奔有虞氏，任有虞氏庖正，并娶有虞氏女为妻。少康在这里“有田一成，有众一旅”，积极积蓄力量，作复国的准备。

夏的遗臣靡，在羿死后逃奔有鬲氏。少康和靡以及有鬲氏联合起来，并聚集了夏的势力，经过长期准备，最后消灭了浇和豷，恢复了夏王朝的统治。少康继任夏的国王。太康的王位，经过失去，几十年后又被少康恢复，被称为“少康中兴”。

关于此事（古史传说),《史记·夏本纪》却没有记载，因而《索隐》、《正义》都颇有微言，批评不该疏略。何况，这与窦姓氏族形成有着直接的关系。

因为，到了“周初大分封”又“支子不祭”时，少康支子后裔，在“以国为氏”、“以邑为氏”、“以谥为氏”、“以字为氏”等的习俗和氛围中，他们不忘“遭寒浞之难，逃出自窦”而得以生存的历史。“以窦为氏”也就自然而然了。窦姓氏族以少康为始祖也情有可原。

章

原文：“章”商音。河间郡。系出姜氏。齐太公支子，封于鄣，子孙去邑为章氏。齐有章子，秦有章邯。

考释：古时河间郡，在今河北省衡水东北、武邑一带。

“齐太公”——《史记·齐太公世家》其《注释》有道：文王时号太公望。因其辅佐周武王灭商有功，封于齐，故称齐太公。俗又称之为姜子牙。

齐太公的支子“封于鄣”，其“鄣”邑在今山东省东平市一带。其“子孙去邑为章氏”也无奈宗法制之“支子不祭”而以邑为氏，又因“章”与“鄣”同音且简之故。

云

原文：“云”徵音。琅琊郡。系出云阳氏。隋有云定兴。

考释：古时琅琊郡，在今山东省胶州市一带。

“原文”谓之“系出云阳氏”，在《中国通史·原始社会·人物图鉴》有介绍道：

少昊，传说中东夷部落首领，一说五帝之一。昊又作暤、皓、颢，又称青阳氏、金天氏、穷桑氏、云阳氏，或称作朱宣。相传为己姓，名挚，系黄帝之子。继太暤氏而立。生于穷桑（今山东曲阜北），居子奄（今山东曲阜）。相传17岁即位……在位84年。春秋郯国即其后裔。

《史记·鲁周公世家》也有云：“封周公旦子少昊之虚曲阜，是为鲁公。”其《注释》道：“少昊”，传说古代东夷族首领。名挚（一作质），其后代甚多，有己、嬴、偃诸姓，己姓之后有莒，嬴姓之后有郯等二十余国。

不过，笔者在前文已叙，传说中的己、嬴、偃诸姓及姜姓、姬姓等，以及所谓的“氏”，在“周初大分封”之前，都是后世的称呼及写作的所谓的“姓”、“氏”，它们与周初“封邦建国”以达“封建亲戚，以蕃屏周”所形成的（流传至今的）姓氏却是截然不同的。

《中国通史·春秋》篇中写道：春秋时期长期的争霸战争，虽然给人民带来了巨大的痛苦和灾难，但也打破了各民族间的隔阂局面，促进了以华夏族为主的民族大融合。为后来统一的多民族国家的形成奠定了基础。

华夏族主要聚居在黄河流域的中下游地区，建立了许多奴隶制诸侯国，在华夏族各国之间及其四周生活着各少数民族，东方有夷族，南方有蛮族，西方有戎族，北方有狄族。

夷族主要有舒夷、淮夷、徐夷和莱夷。莱夷居住在山东半岛的东半部，是夷族中较强的一支。西周初年，曾与齐太公争营丘。公元前 567 年，齐国灭莱夷，其边境直伸到渤海，取得了丰富的渔盐之利。齐国和鲁国不断地征伐淮夷和徐夷。公元前 512 年，徐夷归顺齐国。齐国逐渐成为东方各族的融合中心。

因而，少昊的后裔，在“公元前 567 年齐国灭莱夷”后，按习俗以云为氏也自然而然且示怀古、怀念少昊，他们视少昊为祖先亦无可厚非。

苏

原文：“苏”羽音。武功郡。颛项裔孙陆终子樊，封于

昆吾，世为夏伯，支子封于苏。苏公忿生，为周司寇。战国有苏秦，汉有苏武。

考释：古时武功郡，在今陕西省武功、周至一带。

“陆终”，《史记·楚世家》译文道：祝融即重黎，吴回即重黎之弟，生陆终，而陆终六子分别为昆吾、参胡、彭祖、郐人、曹姓、季连。

由此可见，“原文”所谓“陆终子樊，封于昆吾”有误解。

《中国通史·夏朝的国家组织·设官分职》篇中介绍道：夏启为首的奴隶主贵族，为了维护他们的利益，建立了奴隶制国家。古代文献中记载了一些有关夏朝国家组织的情况。王亦称天子，夏王号国家的最高统治者。国家机构中设置许多官职，“夏后氏百官”，百官均为大小贵族。据《尚书·立政篇》记载，夏官职有“宅乃事（事宅是中央官吏）、宅乃牧（牧宅是地方官吏）、宅乃准（准宅为祭师）”。此外，还有牧正、车正、疱正等官吏。他们协助国王进行统治，并有了简单的典章制度即“夏礼”。

因而“原文”谓之“世为夏伯”也是错误的。

其实，“侯、伯”之称是在商汤灭夏后，到武丁修政后方才始之。正如《中国通史·商朝的政治制度》所介绍的那样：《尚书·酒诰》说：“越在外服，侯、甸、男、卫、邦伯；越在内服，百僚庶尹，惟亚惟服宗工。”《尚书·酒诰》指出商代有内、外服之分。内服是商王畿，即商王直接统治地区。外服是指给邦伯的地盘，再有派侯、甸去统治的边境地区。内服、外服中都有许多的邑，贵族、平民都聚

居在邑中。

所谓侯、伯两种，实际上，均是贵族和奴隶主。如见于卜辞的，武丁时有仓侯虎、井伯、易伯，帝辛时有攸侯喜。见于文献的有鬼侯、鄂侯、西伯。侯伯的领地是世袭的，他们各自拥有武装，置有“臣正”。他们对商王有贡纳谷物、龟甲、牛马的义务。再就是要服“王事”，即率兵随王出征。商代统治集团就是由大小官僚和侯伯所组成的。但所谓“侯”，实际上是“派侯”，而并不是后来周代的分封（封建）诸侯。

其实，《中国通史·商纣伐东夷》篇曾记载道（摘要）：

> 在商王朝的沁阳（即衣）田猎区附近有一个小小的属国有苏氏（今河南武陟东），因地小人稀，出产不富，无力给纣进交年年增加的贡赋，纣认为有苏氏是有意对抗，便派兵前去征讨。

不过，笔者认为当时（商代）的有苏氏的领地，并不是商的“小小的属国”有苏氏也只是一个部族而已，因为所谓“属国”的条件及证据均不足。

反而，到了武王灭纣后，百姓林立之时，有苏氏革新取简，苏姓氏族则顺其自然而立；而且，无论条件与氛围都成熟，也无可厚非。因此，周有苏忿生，官为司寇。

潘

原文：“潘”羽音。荥阳郡。周毕公高支子食采于潘，以邑为氏。楚有潘崇，吴有潘璋。

考释：古时荥阳郡，在今河南省洛阳荥水以东至开封一带。

有关“周毕公高”之人事，前文“王”姓氏篇中，根据，《史记·周本纪》的《注释》已介绍了，这里不再重复。

当时，“毕公高”为“康王时周作册”，而“作册”者则为“史官”、文职的天子之卿大夫，地位颇高且受尊重的。

读者又必须知道，在周初大分封开始的分封制度是相当讲究层次的。比如，封地就有“采邑”和“食地”之分。《中国通史·周初大分封》有云：诸侯将土地分给卿大夫，封地称为“采邑”。卿大夫再分封给士，封地称“食地”。士是贵族最低层。

“原文”谓“周毕公高支子食采于潘”，其实为“采邑”，便可见毕公高的支子的地位也不低。

当时的“潘”，在今北京延庆县东北，潘姓氏族以邑为氏始于周康王期间估计偏差不大。

因为，毕公高在“康王时为周作册”之前，已“因封于毕（在今陕西咸阳市东）而称毕公”（见《注释》）。《通

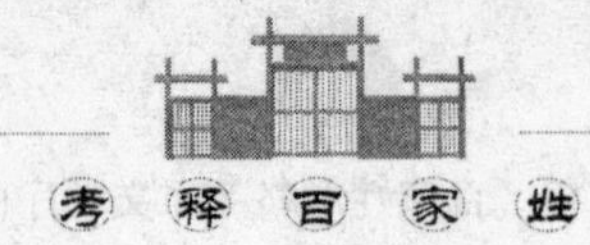

典》也云：周成王时，“周公为太师，毕公为太傅，召公为太保”。

所以，当时的“封于毕”，实际已封为“公”（爵位）。按周代制定的官爵五级制，天子之下，封爵位前后排列为公、侯、伯、子、男，这五级分封均为君（见《孟子》）。其“毕”也必然成为当时的诸侯国之一，并以其长子就封（与周公，召公一样）。

而“毕公高支子”按当时宗法制度，也只能如原文谓“食采于潘，以邑为氏”了。

葛

原文：“葛”商音。顿丘郡。系出嬴姓。颛顼之后，封于葛。其后以国为氏。秦有葛婴，晋有葛洪仙翁。

考释：古时顿丘郡，在今山东曲阜西一带。

笔者在前文已简介，殷商王朝时，常利用龟甲兽骨，占卜吉凶，既卜之后，又常于其上刻卜辞以及与古卜有关的记事文字。这些文字叫“甲骨文”，也称“卜辞”、“殷商文字”。而这些字体，很多是象形的，有些字笔画十分繁复，接近于图画。

在这（即殷商文字）之前，正如《中国通史·夏文字》篇中介绍：夏朝的文字在目前的发掘材料中尚不多见，只是在部分陶器或陶片上，发现有刻划的陶文记号。在偃师二里头和偃师商域的发掘中，都还没有发现甲骨文，所以目前尚

无可靠材料证明夏代就有文字。

所以，《史记·殷本纪》、《诗·商颂·玄鸟》等均是后世根据口耳传说而编写的，难免有水分甚至讹传误解，已不在话下了。

因而，“颛顼之后，封于葛”，在夏商正处于奴隶制社会中，谓之“封”（乃封建制度之产物）是否恰当仍是一个问题；而“葛”又是否是“葛国”更是一个问题。这也是笔者必须提出而且要保留的意见。

在此，笔者仅按《中国通史·商朝》篇中介绍：商族是居住在黄河下游的一个历史悠久的部落，为东夷的一支。在夏建立奴隶制国家的时候，商也建立了强大的部落同盟，并在向奴隶制过渡。黄河下游是一个洪水经常为患的地区，所以商族多次迁徙。从契至汤 14 世，共迁徙 8 次。迁徙的主要地区是在今河南的北部、河北的南部和山东的西部。汤最后的定居地是亳（今河南商丘）。

汤，殷墟卜辞作“唐”，也称“成”，后世便连称“成汤”，又叫作太乙。汤自号武王。汤继位后，商族已进入奴隶社会。但当时商族的力量还比较弱小，仍臣服于夏朝。汤是一个有才干的君主。他目睹夏桀统治的夏王朝日趋腐朽，便积极准备力量灭夏。史载汤“行仁义，敬鬼神”，任用贤臣伊尹为右相、仲虺为左相，整顿了政治和军事，使附近部落纷纷归商，并有步骤地发动了消灭夏属国的战争。葛国（今河南宁陵）是夏在东方的忠实盟国，又紧邻亳地，对商威胁较大。汤借口葛伯不祭祀，出后灭葛。商灭葛事实上揭开了灭夏战争的序幕。

鉴于此，“原文”谓之“其后以国为氏”是有据（由口

耳传说乃至后世编写的史料）可依的。

不过，无论如何，葛姓氏族“以国为氏”只能在“周初大分封”、“封邦建国”的氛围并成习俗的情况下形成的；而且，由此可见葛姓氏族明了自己的历史，怀古念祖的精神可嘉。

奚

原文：“奚”商音。谯郡。黄帝子禺阳封于任，裔孙仲为夏车正，食采于奚，故曰奚仲。支子以邑为氏。孔子弟子奚容箴，汉功臣奚涓。○箴，音点。

考释：古时谯郡，在今河南省商丘一带。

《史记·五帝本纪》有云：“黄帝二十五子，……”其《注释》则道：“二十五子”，（司马迁）此说采自《国语·晋语》胥臣语。“二十五子”晋语作“二十五宗”，疑是黄帝部落中的二十五支。因此，笔者在此不考释“黄帝子禺阳”作罢。

当然，读者还可以参考《注释》的见解：“子”，本篇所谓“子”多不能以儿子之“子”看待。上古世系全靠口耳相传，年久易乱，少有完整系列者，故每数世相接即越数百年。本篇所称“子”，当作某部族的支族或后裔。

至于“夏车正”，笔者在前文曾述，据《尚书·立政篇》记载，夏王朝有牧正、车正、庖正等官吏。

司马迁在《史记·夏本纪》篇中，也引用《尚书·甘

誓》之“正”，指长官。金文及文献中也有“御正”“马正”等职。而且，汉代“三统说”当盛。

不过，夏至商王朝，都是奴隶制社会，尚未有“分封”、“采邑”等现象；所以，仲“食采于奚”难以服众。

其实，《史记·夏本纪》的《注释》有道：一个东方的部族有扈氏抗命不服，启挥师讨伐他，大战于甘。临战之前作了誓师词《甘誓》，召集左右六大臣申明这一誓言。启说：“……驾御战车的战士，如果不胜任而贻误了御车的任务，也是你们不奉行命令。努力奉行命令的，就在祖庙里给以奖赏；不努力奉行命令的，就在社坛里杀掉，还要连家属也杀的杀、做奴隶的做奴隶。”

由此可见，在奴隶制社会里，“车正”、“御正”虽然为官而名；但，毕竟还是被所谓“天子”所役使的人。而“奚”在《新华字典》的解释中，一为古代指被役使的人。

故此，“于奚”并不是“食采”，却恰好与“车正”的待遇相同。“奚仲”者也就名副其实了。

所以，奚仲的子孙在周初大分封、姓氏林立的环境中，以字（奚）为氏，奚姓氏族因此而立的可能性较大且较为合情合理，他们奉祀奚仲为祖先也是必然的。

范

原文：“范”宫音。高平郡。尧后刘累裔孙杜隰，仕晋为士师，子芀以官姓士氏。后食采于范，世为晋卿，以邑为氏。秦有范雎，楚有范增。

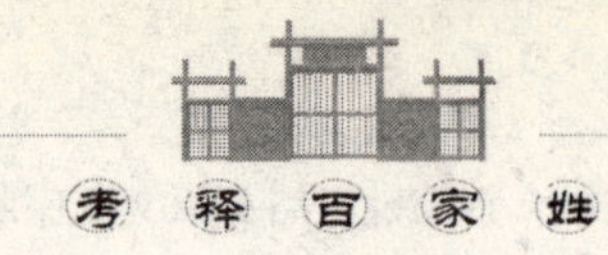

考释：古时高平郡，在今河南省修武、武陟一带。

据《史记·晋世家》的《注释》介绍："士蒍"，字子舆，传说为陶唐氏后裔，祁姓。其父隰叔避难至晋，任士师。

《史记·周本纪》云：

> （穆）王曰："吁，来！有邦有土，告汝祥（即慎用）刑……师听五辞（即五刑之辞）。五辞简信，正于五刑。"

可见当时的"士师"，为职掌刑狱司法之官。"蒍"以官为氏，并不可谓之"以官姓士氏"。士蒍为晋献公时晋国大夫，公元前668年任大司空。

"后"，即指"士会"、士蒍之孙，名会，排行季（即少子），谥武。

至于"食采于范"，《史记·晋世家》的《注释》则介绍道："士会"，食邑于随（在今山西介休东南），后更受范（在今山东梁山西北），故又称士季、随会、范会，随季，随武子、范武子、季武子等，曾任晋（灵公）上军主将、中军元帅、太傅等职，公元前592年告老引退。

所以，范姓氏族在晋灵公（公元前620年至公元前607年在位）时，以邑为氏，"士会"为其始祖。

有人称，范氏的主要发源地在河南省濮阳市范县，其实是误解。

彭

原文：“彭”宫音。陇西郡。系出篯氏。颛顼裔孙陆终氏第三子篯铿，封于彭，是为彭祖。历唐、虞、夏、商，寿八百岁，子孙世为诸侯，即大彭氏与豕韦氏，作商二伯。其后孟子弟子彭更。汉有彭越，封梁王。

考释：“系出篯氏”——“原文”明显指“彭祖”姓篯名铿而言。

其实，当时（即帝尧时），真正的姓和氏还未有产生，也未有真正文字的记载；后世的口耳相传，乃至《尚书》、《尧典》、《左传》、《史记》等古籍文献中所使用的所谓“姓”、“氏”，也均后世的称呼而已。而且，笔者在前文已阐明，在原始社会中，也不可能有“封于”的现象。因为，“封”，“封于”本质就是后来的封建制度的产物。称“诸侯”也同样。

所以“原文”谓之“封于彭，是为彭祖……世为诸侯，即大彭氏与豕韦代”，均为误解。

正如《史记·五帝本纪》的《注释》有道：用后世国家的职官给尧、舜时的部落首领分职，显然是不符合当时的氏族社会的历史事实的。

因此，司马迁把尧时彭祖等人，写为“自尧时而皆举用，未有分职”是正确的。

另外，由于“封于彭”而“是为彭祖”是否以讹传讹

也更值得商榷。因为,《史记·楚世家》译文有道:祝融,即重黎;吴回,即重黎之弟,生陆终,而陆终六子分别是昆吾、参胡、彭祖、郐人、曹姓、季连。

因而,笔者以为,“姓篯名铿”若是公认达至共识的话,其“字”或“号”是否可为“彭祖”?

这样,彭祖的后裔到周初大分封时,缅怀先祖的丰功伟绩,以字为氏,引以为荣则理所当然了。据说,今江苏省徐州境,是彭姓氏族的发祥地。

郎

原文:“郎”商音。中山郡。鲁懿公孙费伯,城郎邑以居,子孙因氏焉。汉有郎顗,唐有郎士元。

考释:古时中山郡,在今河北省容城附近一带。

“鲁懿公”——见《史记·鲁周公世家》之《注释》有道:(鲁)武公九年春天,武公和长子括、幼子戏往西朝见周宣王。宣王喜爱戏,想立戏为鲁国的太子。周大夫樊仲山父劝谏宣王……宣王不听,结果立戏为鲁国的太子。夏天,武公回国后去世,戏立为国君,这就是懿公。懿公九年,懿公的哥哥括的儿子伯御与鲁人联合攻杀懿公,而立伯御为鲁君。

在这种状况之下,“原文”谓“鲁懿公孙费伯,城郎邑以居”是有道理而且迫而无奈的。“城郎邑”亦称“肸”“费邑”或“费地”,在今山东费县一带。“费伯”也因而

所称。

当初，伯禽为周公嫡长子，就封于鲁时，“有管、蔡等反之，淮夷、徐戎亦并兴反。于是伯禽率师伐之于肸，作《肸誓》。”《肸誓》，《尚书》篇名。记录在费地誓师之辞。

当时，古地名很多，名称也不一。例如，“鲁人三郊三隧”，当然，这也是后世之称，《注释》则道：“三郊三隧”，“隧”又作“遂”。郊、隧皆为古代的行政区划：邑外为郊，郊外为隧。为出征时兵源所出。这，也可见，费地之重要，称“城郎邑”也名副其实。

也许，由于懿公的事故，费伯的子孙也避之嫌疑，以宅（简之郎邑）地为氏是相当明智之举。郎姓氏族以费伯为始祖而立，大概立于周宣王（公元前827甲戌至前782己未）在位期间。

鲁

原文：“鲁”羽音。扶风郡。系出姬姓。周公元子鲁公伯禽封于鲁，支子以国为氏。战国有鲁仲连，汉有鲁恭。

考释：古时扶风郡，在今陕西省武功西、扶风东一带。《史记·鲁周公世家》有云：

> 周公旦者，周武王弟也。自文王在时，旦为子孝，笃仁，异于群子。及武王即位，旦常辅翼武王，用事居多。武王九年，东伐至盟津，周公辅行，十一年，伐

> 纣，至牧野，周公佐武王，作《牧誓》。破殷，入商宫……遍封功臣同姓戚者。封周公旦于少昊之虚曲阜，是为鲁公。周公不就封，留佐武王。

其《注释》道："周"，地名。在今陕西岐山县北。其地本为太王所据，后为周公采邑。"旦"，名。辅佐周文、武、成王，嫡子封于鲁。

该"嫡子封于鲁"即"原文"谓之"周公元子鲁公伯禽封于鲁"所依。

《史记·鲁周公世家》继而云之：

> 周公卒，子伯禽固已前受封，是为鲁公。

可见，"原文"称"鲁公伯禽"也有依据。

然而，"支子以国为氏"却是一种误解。

正如《注释》有道：嫡子封于鲁，次子食采周邑，世为王室卿士。

这，就是宗法制度所规定的。

所以，以国（鲁国）为氏的，肯定是鲁公伯禽的嫡子，而不是支子，鲁姓氏族始立于周初大分封时，他们的始祖则为鲁公伯禽。

韦

原文：韦"羽音。京兆郡。系出豕韦氏。世为夏、商

侯伯，子孙以国为氏。汉有韦贤、韦玄成，父子皆为丞相。

考释： 古时京兆郡，在今陕西省西安以南、长安以北一带。

有关“豕韦氏”，笔者在前文“彭”姓篇已谈及了，此免。

然而，“原文”谓“世为夏、商侯伯”却是“眉毛胡子一把抓”了。因为，笔者在前文“苏”姓篇中已阐明，夏王朝时，“夏后氏百官”并未有“侯、伯”之称。

至于“豕韦国”可简称“韦国”，《史记·夏本纪》之《注释》曾有道：据《郑语》，豕韦为祝融八姓之一的彭姓之国……豕韦之地，据杜《注》，在今（山东）豫北东部的滑县以东地。

《史记·夏本纪》有云：“陶唐既衰，其后有刘累”，《注释》言之：始见于《国语·晋语》及《左传》。《左传》昭公二十九年叙：陶唐氏在虞以后衰落了，直至夏孔甲时，该族后裔中有个叫刘累的向豢龙氏学得养龙技术，为孔甲养龙有功，获得赐姓御龙氏。《郑语》又言：因刘累养龙之功，获赐姓并取代彭姓受封于豕韦。

上述故事尽管来源于传说，且所谓的“姓”和“氏”均为后世（指《国语·晋语》和《左传》及《郑语》等）写作的称呼；但，也不能排除，刘累的后裔在周初大分封、百姓先后而立的情况下，以国（豕韦，简之“韦国”）为氏的可能。

这样，韦姓氏族显然以刘累为始祖。

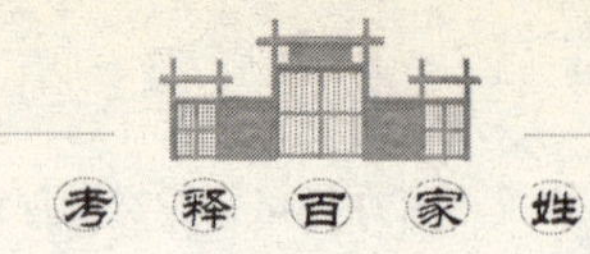

昌

原文：“昌”商音。汝南郡。系出有熊氏。黄帝子昌意，昌意子帝颛顼高阳氏，高阳支子以王父字为氏。汉有昌豨。

考释：古时汝南郡，在今河南省驻马店、汝南一带。

《史记·五帝本纪》曰：

> 黄帝居轩辕之丘，而娶于西陵之女，是为嫘祖。嫘祖为黄帝正妃，生二子其后皆有天下：其一曰玄嚣，是为青阳，青阳降居江水；其二曰昌意，降居若水。昌意娶蜀山氏女，曰昌仆，生高阳，高阳有圣德焉。黄帝崩，葬桥山。其孙昌意之子高阳立，是为帝颛顼也。

其《注释》介绍道：原来《左传》文公十八年明载高阳氏与颛顼为不同的两族，到《大戴礼语·五帝德》、《帝系》却说高阳即是颛顼，以后史籍遂承用此说不变。

所以，司马迁又云：“帝颛顼高阳者，黄帝之孙而昌意之子也。”

《皇览》称颛顼葬于濮阳顿丘城门外之广阳里，在今河南濮阳县境。（见《注释》）

不过，笔者以为，《皇览》既然为“三王五帝”考究而作，《皇览》应为《王览》；否则，《皇览》只能适用于秦始皇之后而称之。难怪有人将“三王”称之为“三皇”了。

笔者在前文已述，也正如《中国通史·周初大分封》所说，周初为巩固统治，在全国大规模分封诸侯，即所谓“封邦建国”。其中，也有归附周朝的传统贵族如神农、黄帝、尧、舜、禹的后裔。

然而，“昌意子帝颛顼高阳氏”的“支子”后裔，按“支子不祭”的宗法制，就只能为“原文”谓之“高阳支子以王父字为氏”了。

这样，昌姓氏族立之，以追认昌意为始祖。

马

原文：“马”羽音，扶风郡。系出赵姓。赵王子赵奢，封马服君，子孙以为氏。汉有马援。

考释：古时扶风郡，在今陕西省武功西、扶风东一带。

前文“赵”姓篇，已述赵姓氏族的形成因由。然而，赵姓氏族当初还是部族（亦称“家”）而已。至于赵氏部落何时才成为（建立）诸侯国，有史籍记载道：公元前 403 年，韩、赵、魏三个部族联合派特使去洛邑会见周威烈王（午，于公元前 425 丙辰始立元年，至二十四年，即公元前 402 己卯止），要求周天子把他们三家封为诸侯。周威烈王想，他们的势力已经不断增强了，不承认也没有用，不如做个顺水人情，就只好同意了。

此史实的具体年份，在《中国历史年代简表》中也有

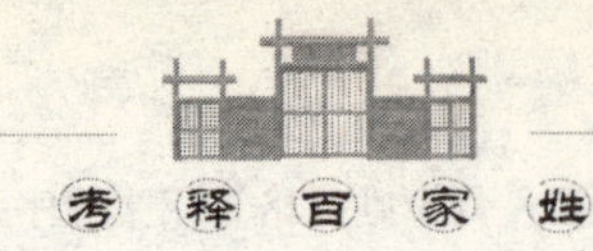

记载：公元前403戊寅，魏、韩、赵初为侯。

随后，韩（都城在今河南省禹县，后迁至河南新郑）、赵（都城在今山西太原西南，后迁至今河北省邯郸）、魏（都城在今山西夏县西北，后迁到今河南省开封）都成为中原大国，加上秦、齐、楚、燕四个强国，便是史称“战国七雄”了。

“赵王子赵奢”是赵武灵王（公元前325丙申始立元年，至公元前299壬戌止）之子，即是后来赵惠文（公元前298立元年，至公元前266乙未止）的弟弟，是赵国史上的名将。

公元前307年，赵武灵王实行“胡服骑射”。因为，当时，赵国东边有齐国、中山，北边有燕国、东胡，西边有秦国、韩国、楼烦。而且，秦国势力强大、野心勃勃，对赵国威胁甚大。赵武灵王眼光高远，认为如不发奋图强，使国家强大起来，就会随时被别人入侵、消灭；如要自强不息，就得好好地进行改革。同时，他发现自己穿的服装，传统的长袍大褂，干活、打仗都很不方便；不如胡人短衣窄袖，脚上穿皮靴，利索、灵活得多。于是，他决定仿照胡人的风俗，首先把服装改一改。

然而，当赵武灵王首先穿着胡人的服装出来，大臣们见到他那短衣窄袖的穿着，都吓了一跳。赵武灵王要大家都改穿胡服，大臣们更觉得这件事情太丢脸，不大愿意。越武灵王有个叔叔公子成，是赵国一个很有影响的老臣，头脑十分顽固。他听到赵武灵王要改穿胡服，就干脆装病不上朝了。

看到这种情况，赵武灵王反而下了决心，非实行改革不可。他知道要推行改革，首先要打通他那老叔叔的思想，就

亲自“登门拜访”去找公子成，并跟公子成反复地讲穿胡服、学骑射的好处，更谈及国家的安危与前途。

公子成终于被诚意说服了，赵武灵王便立即赏赐一套胡服给公子成。大臣们见公子成也穿起胡服，都没有话说了，只好跟随就范。赵武灵王又随即向全国正式下了一道改革服装的命令。

接着，赵武灵王更号令大家必须学习骑马射术。这时候，作为赵国大将军的赵奢发挥了很大的作用，他不仅绝对服从父王的命令，还以身作则；不到一年工夫，他就训练了一支强大、威武的骑兵队伍。

公元前305年，赵武灵王亲自率领骑兵打败了邻近的中山，又收服了东胡和四周的几个部落。到了实施胡服骑射的第七年，中山、东胡、楼烦都分别被赵国征服了，还扩大了不少土地，使赵国逐渐成为战国末期的中原大国之一，秦国也不敢随便欺负赵国了。

这一切，可以说，赵奢功不可没。因为他由始至终拥护父王“胡服骑射”的改革，而且练就一身骑射好功夫，屡战屡胜；所以，他得到赵武灵王特别赏封为“马服君”（爵位）。而从这个别开生面的爵号，人们也不难发现，赵武灵王对“胡服骑射”的成效和赵奢的功劳，也可谓一言以蔽之了。

“子孙以为氏”是指赵奢的子孙，不仅以此为荣，还以马为神及爵号，便作为自己的姓氏了，合情合理且名垂青史。（参见《中华上下五千年故事》）

苗

原文：“苗”羽音。东阳郡。楚令尹斗椒之子贲皇仕晋，食采于苗，因氏焉。汉有苗䜣；唐有苗晋卿，相肃宗。

考释：古时东阳郡，在今浙江省义乌以东、东阳一带。

“楚令尹”即楚相。“斗”即当时称“斗氏”，是楚公族，亦称“若敖氏”，指若敖之后。“斗椒”即子赵椒。

《史记·楚世家》之《注释》有道：据《左传》宣公四年，此年任令尹者为斗伯棼（即子赵椒）。《左传》宣公四年追述斗伯棼任令尹经过，谓令尹斗谷于菟卒后斗般任令尹。斗伯棼任司马，艻贾任工正；艻贾谮斗般于王，王杀斗般而使斗伯棼为令尹，艻贾为司马。

“斗椒之子贲皇仕晋，食采于苗，”其“苗”地即古称“阪泉”，今河北省涿鹿。《水经·漯水注》已证，阪泉与涿鹿实即一地。

古代传说中的黄帝族与九黎三苗族首领蚩尤之争，在后世的《尚书·吕刑》有所反映；因而，这一由来已久的历史传说，当有史实为背景了。

据《史记·五帝本纪》的《注释》道，蚩尤又有阪泉氏之称。故此，所谓“苗”地即指“阪泉”。

所以，“原文”谓“因氏焉”是有据可依的。苗姓氏族以邑（苗）为氏，始祖则为贲皇者，始于春秋时代。

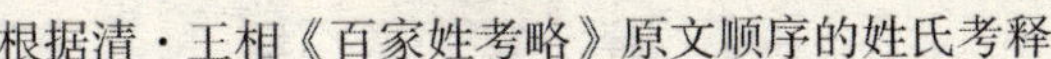

凤

原文："凤"宫音。郃阳郡。系出蒙氏。南召主阁罗凤之裔。唐南召国君姓蒙氏。寻罗阁生阁罗凤，阁罗凤生凤迦异，凤迦异生异牟寻。其长子名重父下一字，其支子即以父名下一字为姓。故阁罗凤庶子即姓凤氏。滇、黔之人多有此姓。

考释：古时郃阳郡，在今贵州省贵阳东、清阳河一带。"南召"应为"南诏"。"滇"，今云南省简称；"黔"，今贵州省简称，从古。

《中国通史·唐与南诏的关系》篇中介绍道：南诏各部落在云南一带，是今天彝族和白族的祖先。他们很早就和汉族人民有着密切联系。唐初，南诏原分蒙舍、邆赕、施浪、浪穹、越析、蒙巂六诏。蒙舍诏处五诏之南，后并五诏，所以又单独称为南诏。当时，南诏归附唐朝。唐高宗和武则天时期，南诏首领细奴逻、逻裘炎等常遣使来唐朝（进）贡。8 世纪中叶，蒙舍诏酋长皮逻阁统一了各诏，在太和城（今云南大理）建立了地方奴隶制政权，社会生产力进一步发展。

南诏人民从事稻、麦和蔬菜生产，开梯田、兴水利，凿井取盐，少数从事畜牧业生产。曲靖、滇池一带人民使用三尺犁，用牛耕种，史称："鸾治山田，殊为良田"。可见当时南诏的农业已相当发达。

唐开元二十六年（公元738年）唐册封皮逻阁为云南王。南诏政治制度受唐的影响很深，王位世袭，受唐册封，中央官制有羽仪八人，下设兵、客、户、刑、工、会六曹，相当唐制三省六部。地方设睑，相当于唐朝的州。南诏很重视军事，设立大将军12人，地方分八个节度使，丁壮皆为战卒，农隙教战，于每年十一、十二两个月集中训练，战斗力很强。

公元748年，皮逻阁死，其子阁逻凤即位，南诏势力更加强大，其疆域北到四川大渡河，南至越南北部，东起贵州遵义，西抵缅甸边境。

“原文”谓之“寻罗阁”应为“皮逻阁”。而“阁逻凤生凤迦异”，其后“其支子即以父名下一字为姓”凤姓氏族则立，言之有理。其始立于唐时（公元902年之前），始祖为凤迦异。

花

原文：“花”宫音。东平郡。系出华氏。古无花字，通作华，后专用花为花草之花。故华姓亦有改为花者。唐有花惊定，蜀大将；明有花云。

考释：古时东平郡，在今山东省济宁偏东北、兖州一带。

“原文”谓“古无花字，通作华”，所以言之“系出华氏”；然而，这都不能服众也无依据。

因为，正如《中国通史·传说中的原始社会》介绍道：在中华大地漫长的原始时代，有很多神话传说，进入有文字记载的历史时代以后，这些传说部分地用文字记录下来，保存在《周易》爻辞、《左传》、《国语》等文献中。（不过）一些古代学者曾注意到利用与发掘“社会化石”类似的方法，收集古代社会史迹。到了百家争鸣的战国时代，各个阶层的思想家和策士谋臣，为了阐发自己的理想和谋策，喜欢援引古人言行，更多的古史传说被发掘和记录下来，甚至按引述者的需要而被改造。

不过，笔者在前文已述的“仰韶文化是目前所知黄河流域新石器时代较早的一种文化”。这，“或许就是中国原始文字的孑遗。”而且，“仰韶文化的居民已过着定居的农业生活”、“陶器是当时人（类）日常生活中不可缺少之物，陶器可作容器、食器、炊器、汲水器……陶器的颜色以红色或红褐色为主，在红陶器物上施以黑色、赭红色或白色的彩绘，就是所谓的彩陶了。彩陶上常见花纹有几何纹、涡纹、方格纹等。”（均见《中国通史·母系氏族公社》）

由此可见，“花”字的概念，在“仰韶文化”中已有了初步表现。

如果说，“后专用花为花草之花”，那就要注意传说中的“神农氏”——即后称炎帝了，据《世经》所述，第五位神祇是神农氏，他采集各种花草果实，一一放到中口咀嚼并一一吃下，藉以确定它们的性质功能。（亦见于《中国通史·五氏的贡献》）

故此，自古最早认识“花草”者，可能非神农氏莫属了。

所以，始立花姓氏族者，也可能是神农氏的后裔。正如前文曾述，周初大分封时，“周王子弟一般都得到了封地，成了大小诸侯。异姓诸侯中……也有归附周朝的传统贵族如神农……的后裔”（见《中国通史·周初大分封》）。

花姓氏族人们奉祀神农氏为祖先也无可厚非。

方

原文：“方”商音。河南郡。系出方雷氏。周有方叔，为宣王卿士。

考释：古时河南郡，在今河南省洛阳以南一带。

前文曾述，《史记·五帝本纪》有云：

> “黄帝居轩辕之丘，而娶于西陵之女，是为螺祖。螺祖为黄帝正妃，生二子，其后皆有天下：其一曰玄嚣，是为青阳，青阳降居江水；其二曰昌意，降居若水。”

看来，司马迁写《史记·五帝本纪》时，受到《大戴礼记·帝系篇》所云：“黄帝娶于西陵氏之女谓之嫘祖，产青阳及昌意”的影响较深。

《注释》因此而介绍道，《汉书·古今人表》云：“方雷氏，黄帝妃，生玄嚣，是为青阳。”《帝王世纪》也曾云：“次妃方雷氏女曰女节，生青阳。”

上述有分歧姑且勿论，但“原文”谓之“系出方雷氏”倒可见一斑。而“方雷氏”也显然是父系氏族公社中的一个部族的称呼（也是后世所称之）。

虽然，“黄帝崩”。“其孙昌意之子高阳立，是为帝颛顼也。”但“方雷氏女节”始终还是黄帝后裔之中的祖母之一，享有的崇高威望也不容置疑。因而，当时的所谓“方雷氏”部族也必然沾光不少。

方雷氏的后裔到了周初大分封时，虽然不是黄帝的后裔而受封；但在封建姓氏林立之时，他们以（祖）字（方）为氏，也是自然而然的事情。

又据“原文”谓“周有方叔，为宣王卿士”，便可估计方姓氏族形成于周宣王之前，其始祖亦可能是方叔父，起码如此。又据说，今河南省禹州市的方山镇是古时方姓氏族休养生息的之地。

俞

原文：“俞”角音。河间郡。黄帝臣俞伯名跗。注《素问》。周有俞伯牙。

考释：古时河间郡，在今河北省衡水东北、武邑一带。

其实，笔者在前文已多处阐明，也正如《史记·五帝本纪》的《注释》道：“帝”是后世的称呼，当时中国尚处在氏族社会，所谓“五帝”不过是部落联盟首领中的佼佼者。

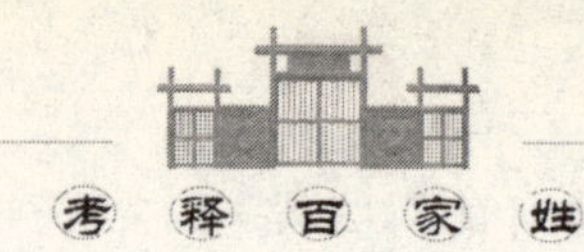

《中国通史》也云：五氏时期，中国正处于“民知其母，不知其父”，所有成员一律平等，共同劳动，共同消费，没有阶级对立，所谓“无制令而民从”，“不施赏罚而民不为非”的朝代。

因此，所谓“五帝”时，也根本不存在所谓“君臣”之分。所以，“原文”谓之“黄帝臣”，乃是因讹传而误解也。而且，“五帝”时，尚未有文字，“注《素问》”又何来依据？即使有据，也无非唯“史前史”之口耳传说之而已，也难免有讹传，更难以作实。

笔者注意到，春秋末，孔子所编写的《尚书·金滕》中记周公因武王病，藏册而祝之事。

后来，汉代司马迁写《史记·鲁周公世家》时记道：

> 武王克殷二年，天下未集，武王有疾，不豫，群臣惧，太公、召公乃缪卜。周公曰：“未可以戚我先王。”周公于是乃自以为质，设三坛，周公北面立，戴璧秉圭，告于太王、王季、文王。史策祝曰：“惟尔元孙王发，勤劳阻疾。若尔三王是有负子之责于天，以旦代王发之身……”

其《注释》云：“负子之责”《尚书》作“丕子之责”。俞樾谓“负子”为诸侯疾病之名，子即民，意为忧民不能再子之，因此负子本意为不子，“不”与“丕”通用（《群经平仪》）。这里说三王在天上有了病需要人扶持，周公愿替武王担当这个责任。

由此可见，《尚书》问世后，俞樾著作《群经平仪》力

注《尚书》。

同时，亦可见俞姓氏族的形成，在战国时期俞樾之前，才可能有“周有俞伯牙”之理，只可惜史载不详。

任

原文：“任”宫音。东安郡。系出有熊氏。黄帝子禺阳封于有任，以国为氏。文王妃太任，任国之女。魏有任座，秦有任嚣。

考释：古时东安郡，在今山东省济宁北与东平郡为邻。

笔者在前文“奚”姓氏篇确已述，司马迁在《史记·五帝本纪》作“黄帝二十五子”，《国语·晋语》却疑是黄帝部落中的二十五支，故云“二十五宗”。

关于司马迁又谓（即接上言）“其得姓者十四人”，《国语·晋语》也更正之：谓十四人实有十二姓，即姬，酉、祁、己、滕、葴、任、荀、僖、姞、儇、衣。

不过，笔者根据《史记》的《注释》早已阐明，这些“姓”，只是后世写作的所谓的“姓”，传说在夏以前的“五帝”时期的所谓“姓”、“氏”也同样如此。正如《史记·五帝本纪》的《注释》有道：司马迁在本篇中的记述，前三帝黄帝、颛顼、帝喾，全据《五帝德》（司马迁称为《帝系姓》），出《世本》，亦载于《大戴礼记》；后二帝唐尧、虞帝全据《尚书·尧典》，都是照抄原文，《尧典》之外，再补充以《帝系》、《五帝德》之说及《世本》。这里所称

的“帝”是后世的称呼……而最早《国语·鲁语》载此五帝资料，唯未明称“五帝”。后期五帝说，今见于《战国策·赵策》、《易·系辞》、《庄子·缮性》、《淮南子·椒真》、《三统历》。

其《注释》又道：远古由母系氏族社会发展而来，故“姓”皆从母系。本篇所述自“黄帝至舜、禹”的历史，相当于考古学的新石器时代的后期，我国称为龙山时期，属于父系氏族社会时期。考古类型学的研究告诉我们，前述各部族所生息的地区的考古文化内涵之间，有着明显的差异，他们不会都源于同一个母系血缘集团，因而也不可能都是同一“姓”的部落集团。迄今为止，这个时期的历史没有直接文字可资稽考，只有口耳相传的传说。而这些传说又难免被人们添改和删节。司马迁撰写这篇《五帝本纪》所依据的材料，主要是战国时期遗留的文献，而战国时人出于当时政治斗争的需要，往往恣意篡改历史为其所用。因此，从黄帝至舜、禹这些源自不同母系的部族便都成了同“姓”者。古人重“姓”以别婚，本是我们探索他们不同血缘属的重要依据，但是经过人为地篡改以后，使我们在使用这些“姓”源材料时，不得不先详加考证，以去伪存真。

又因“当时中国尚处在氏族社会，所谓‘五帝’不过是部落联盟首领中的佼佼者。”所以，五帝时，是不可能产生“诸侯”、“封”与“国”的。而且，“司马迁用后世国家的礼制附会为尧舜时事”（其实包括五帝时事），令后人造成不少的误解。

故此，“原文”谓“黄帝子禺阳封于有任，以国为氏”也是一种误解。“有任”充其量是黄帝的一个支族或后裔，正如《注释》有道："子"，本篇所谓"子"多不能以儿子之"子"看待……当着作某部族的支族或后裔。

只有到了周初大分封始，产生了诸侯、诸侯国，又"诸侯赐卿大夫为氏"后，"有任"部族的后裔，才可能有怀旧以"任"为氏的机会，任姓氏族则立之。但，这不是"以国为氏"而是以祖族名称为氏。其"任"地，在今河北省任县一带。

袁

原文："袁"羽音，汝南郡。系出妫姓。陈大夫庄伯辕孙涛涂，以祖字为氏，后世去车为袁，或作爰，实同出一源也。汉有袁盎。〇妫，音圭。

考释：古时汝南郡，在今河南省驻马店、汝南一带。

"陈大夫庄伯辕孙涛涂"——即是《史记》之"陈大夫辕涛涂"。

《史记·陈杞世家》记载道：

> 三十七年，齐桓公伐蔡，蔡败；南侵楚，至召陵，还过陈。陈大夫辕涛涂恶其过陈，诈齐令出东道。

"三十七年"，是指齐桓公在位之三十七年时。

查《中国历史年代简表》，齐桓公于公元前 685 丙申立元年，至公元前 643 戊寅止；齐桓公三十七年时，即公元前

649壬申。

《史记·陈杞世家》的《注释》说："召陵"，楚地名，今河南省郾城县东。"辕涛涂"，即辕宣仲，又作袁涛涂。"恶"，憎恶之意。据僖公四年《左传》，辕涛涂认为齐军过陈必定给陈国带来祸害。

"诈齐令出东道"，据《公羊传》，辕涛涂对齐桓公说：既然您已经征服南夷（指楚国），何不在回师时，往东沿海边走，征服了东夷再返国。辕涛涂此番话实是诱使齐军避开陈国返国。

当初，袁涛涂之所以为"辕涛涂"，原来是因以祖（即庄伯辕）字为氏。后来，辕涛涂的子孙"去车为袁"简化之；而且，"辕"、"爰"、"袁"同音。所以，辕涛涂又作"袁涛涂"而已。

因而，袁姓氏族立之，仍是以庄伯辕为始祖。

柳

原文："柳"商音。河东郡。系出展氏。鲁公子夷伯孙无骇子展获，字禽，食邑柳下，后世以为氏。战国有柳庄；汉有柳隗，为齐王相。

考释：古时河东郡，在今山西省运城一带。"夷伯"系传说中东夷部落首领少昊的后裔。而有关"少昊"的介绍，笔者在前文，如"云"姓篇等，已较为详述了。

因《史记·鲁周公世家》云："封周公旦于少昊之虚曲

阜，是为鲁公。”与此考释“原文”谓之“鲁公子夷伯”有关，笔者因此有必要进一步作解释。

正如《史记·鲁周公世家》又云：“周公不就封，留佐武王”。又“而使其子伯禽代就封于鲁。”

《中国通史·人物图鉴》也介绍道：“姬旦，即周公，周文王之子，武王之弟……武王即位，辅武王伐纣。既克商，封于鲁，都曲阜（今山东曲阜）。但他不就封，留佐武王。在如何处置殷上层贵族的问题上，周公提出了利用、监督、分化、瓦解的政策。武王非常赞赏并加以采纳。”

由于当时的“夷伯”就是“殷上层贵族”之一，可“利用”之而称之为“鲁公子”而已。而且，“鲁公子夷伯孙无骇子展获”得以“食邑柳下”也是“分化、瓦解的政策”的具体表现。这，可见“原文”有充分的理据。

“柳下”，即今河南省仆县柳下屯一带。展获的子孙，以邑（简之“柳”）为氏，柳姓氏族而立又以展获为始祖，当然顺理成章。

酆

原文：“酆”宫音。京兆郡。系出姬姓。文王少子封于酆，其后有酆舒，相潞国。

考释：古时京兆郡，在今陕西省西安偏西南一带。

《史记·管蔡世家》有云：

> 武王同母兄弟十人。母曰太姒，文王正妃也。其长子曰伯邑考，次曰武王发，次曰管叔鲜，次曰周公旦，次曰蔡叔度，次曰曹叔振铎，次曰成叔武，次曰霍叔处，次曰康叔封，次曰冉季载。冉季载最少……伯邑考既已前卒矣。

但，其又云：

> 康叔封、冉季载皆少，未得封”。“于是周公举康叔为周司寇，冉季为周司空，以佐成王治，皆有令名于天下。

《史记·卫康叔世家》也云：

> 卫康叔名封，周武王同母少弟也。其次尚有冉季，冉季最少。

由此可见，“原文”谓“文王少子”即是冉季。

《史记·卫康叔世家》之《注释》并指出：本书（即史记）《史记·管蔡世家》说：“冉季载皆少未得封。”记载有误。前文也已举证，在此亦不再重复了。

“原文”之“酆”，是现今“丰”字的繁体。查《新华字典》悉：“酆都”地名，在重庆市。今作“丰都”。

鉴于今之《史记·周本纪》及《中国通史》均以简体而写“而作丰邑，自岐下而徙都丰。”《诗·大稚·文王有声》亦云：“既伐于崇，作邑于丰。”

《史记》诸篇之《注释》也从简而道之："丰邑"，周文王建都之邑，在今陕西长安县沣河以西。

因此，"原文"之"酆"，可从简之"丰"。"封于酆"即封于周王畿内之丰邑。（酆）丰姓氏族乃以邑为氏而立，始祖则为冉季。

鲍

原文："鲍"宫音。上党郡。系出姒姓。禹王之后，有敬叔，仕齐，食邑于鲍。后有鲍叔牙。

考释：古时上党郡，在今山西省长治北偏东、潞城一带。

《史记·齐太公世家》有云："次弟小白奔莒，鲍叔傅之。"其《注释》道："鲍叔"，即鲍叔牙，春秋时，齐国大夫，以知人著称。齐桓公任其为宰，他辞谢，保举管仲，齐用管仲，国力日强。

《中国通史·春秋·齐桓公称霸》则详述：齐桓公是春秋时期的第一位霸主。齐襄公死后，逃亡在外的公子纠和公子小白都急于回国，继承王位。公子纠在鲁国的护送下向齐国进发，并派自己的老师管仲去路上截杀小白，管仲射中了小白的衣服带钩，小白遂将计就计假装死去，于是公子纠和鲁国军队放慢了行进速度。与此同时，公子小白和其师鲍叔牙却兼程领先回到齐国都城临淄，公元前685年，公子小白继承王位，即齐桓公。

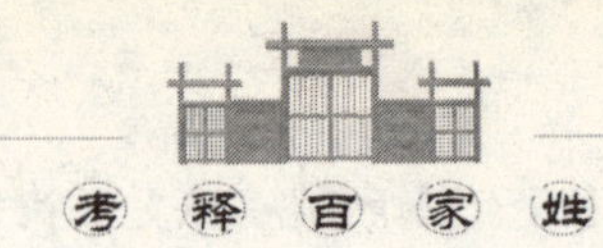

齐桓公即位后，立即发兵攻鲁，迫使鲁国杀死了公子纠，并囚送管仲回齐国。管仲是春秋时期著名的政治家，齐桓公即位后，在鲍叔牙的劝说下，不计前嫌，任用管仲为相。管仲在齐国进行了一系列改革：第一，实行“相地而衰征”，按土地好坏分等征税，打破了井田制的限制，肯定了土地私有权，调动了生产者的积极性，增加了税收，增强了国力。第二，改革行政机构，推行“参其国而伍其鄙”制度，形成了严密的行政机构，加强了对国内的控制和管理。第三，改革兵制，实行“作内政以寄军令”的军政合一制度，士兵平时生产、训练，战时出征，增强了战斗力。第四，设“轻重九府”，由官府铸造货币，调剂物价，并设置盐铁官，发展盐铁和渔业，以增加财政收入。

经过一系列改革措施的实行，齐国国内政局稳定，经济实力增强，军队也有较强的战斗力。这些为齐国称霸诸侯奠定了基础。公元前679年，齐与陈、卫、郑会于鄄（今山东鄄城），开始称霸。

《史记·齐太公世家》的《注释》也道：春秋初期，齐桓公称霸，疆土扩大，东至海，西至黄河，南至泰山，北至无棣（今河北省盐山南）。

上述就是“原文”谓之“后有鲍叔牙”的事迹了，也可谓功不可没。

所谓“后”，即指“禹王之后，有敬叔，仕齐”而“敬叔”则为鲍叔牙的前辈，系齐初的（卿）大夫。

“敬叔，仕齐”时，系“太公至国，修政，因其俗，简其礼，通商工之业，便鱼盐之利，而人民多归齐，齐为大国（见《史记·齐太公世家》）”之时，“食邑于鲍”，其“鲍”

在齐王畿内之邑，在今山东省淄博西北。“诸侯赐卿大夫为氏”因而称鲍氏，鲍姓氏族也始立之，“敬叔”则为始祖亦当然。

《注释》有云：“鲍氏”，齐国望族。“望族”比较“公族”更显赫为人尊敬，“望族”大体系君主之前辈（堂叔之辈）而称之。

史

原文：“史”徵音。京兆郡。系出史皇氏。仓颉之后史佚，为周太史。汉有史高。

考释：古时京兆郡，在今陕西省西安偏西南一带。

笔者前文曾述“古书中有关黄帝的传说特别多”，“如……嫘祖（黄帝正妻）养蚕，仓颉造文字……”（见《中国通史》）。不过，无论如何，至今尚未找到真凭实据，难以立论。“仓颉为史官，人称史皇氏”也如此作罢。

其实，正如《中国通史·殷墟和甲骨文》所说，（商）卜辞的内容很丰富，上自国家大事，以至私人生活小事，具有很高的史料价值。在商朝，除甲骨文外，所发现的文字记录还有金文（铭文、钟鼎文）、陶文、简册和帛书等，所以周人说：“唯殷先人，有册有典”。我国有文字可考的历史是从商朝开始的。

相传，“夏尚忠，商尚质，周尚文”，这就是说，夏文化不及商，商文化不及周，周文化高于商文化且重视“史

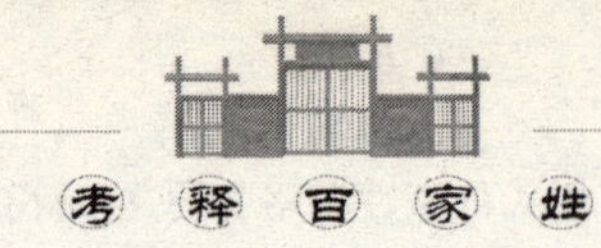

者”而设“太史寮”。

正如，《中国通史·夏商西周·官制》有道：据《令彝》铭文记载：周公的儿子伯禽曾为周王的师保，被任命为“尹三事四方、受卿事寮”……西周早期重要的辅臣还有“两寮”，即卿事寮和太史寮，执掌国家各项政务。卿事寮之下有司徒、司马、司空，号称“三右”，也称“三事大夫”，分掌国家民政、军政、手工业等事务；太史寮之下有太史、大祝、大卜，号称“三左”，分管宗教祭祀及文书册籍等事务。“三右”、“三左”号称“六大”，亦称“六卿”，是周代主要的行政事务管理部门。

另外，在《中国通史·西周文化》篇中，还说：负责将各种重要事迹加以记载并保存这些记载的人，统称曰“史官”。王室和各诸侯都有史官的设置，史官均世袭其职，积年已久，史官便成为最有学问的人了。故此，读者必问：谁最早“为周太史”者？

《史记·周本纪》有云：

> 公季卒，子昌立，是为西伯。西伯曰文王，遵后稷、公刘之业，则古公、公季之法，笃仁，敬老，慈少。礼下贤者，日中不暇食以待士，士以此多归之……辛甲大夫之徒皆往归之。

《注释》介绍之：“辛甲大夫”，原为殷臣，去事周，为周太史。见《左传》襄公四年及刘向《别录》（此纪《集解》引）。

读者可见，最早的周太史应为“辛甲大夫”，他的家族以官为氏，史姓氏族始立于周初也是必然。而“辛甲大夫”之后，才可能有“史佚”及“史敦”者见著。这也是很普通的常识。

相反，因为“仓颉造文字”既然是口耳相传的传说，“仓颉”又查无世系记载：所以，“原文”谓之“仓颉之后史佚，为周太史”，是一种误解。

何况，“史佚”为周武王“策祝”时，见著已为“尹佚”了。《史记·周本纪》有云：尹佚策祝曰：“殷之末孙季纣，殄废先王明德，侮蔑神祇不祀，昏暴商邑百姓，其章显闻于天皇上帝。”

至于“史佚”如何后为“尹佚”的因由，则请读者阅读后文“尹”姓氏篇，便知究竟了。

唐

原文：“唐”徵音。晋昌郡。系出陶唐氏。舜封尧子丹朱于唐，其后子孙以国为氏。汉有东园公唐宣明，四皓之一。

考释：古时晋昌郡，在今陕西省西乡一带。

一般而言，在国外华人的聚居地，亦称“华人社区”，都有一条名叫“唐人街”的街道。街道上，商铺林立，商品琳琅满目且各式各样；其装饰古色古香富有中国传统的特色，引人注目的“牌坊”亦称“牌楼”，吸引了大批的游客、更多的是来自中国的“观光客”流连忘返。

然而，“唐人”不是自称的，而是外国人称之悠久。历史上，“唐朝开创了中国封建社会的又一个盛世，经济文化空前繁荣”，而且，“唐朝前期全国统一、经济繁荣，文化昌盛，是当时世界上最富庶、最文明的国家之一，因而对其他各国发生了吸引力，亚、非很多国家的使臣、留学生、商人和学问僧（包括西方传教士）潮涌而来。唐朝生产的空前发展也促使国际贸易大为增加，中国人到外国聘问、经商的络绎不绝。中国地处亚洲中心，不但与各国频繁交往，而且成为（欧）亚、非各国经济、文化交流的桥梁和中转的枢纽。”（均见《中国通史·对外关系》）

不过，此篇“唐”姓氏之称，却是与因唐朝而起称之“唐人”无直接关系且更古远，乃“原文”谓之“系出陶唐氏”。

有人以为，尧——“他最初被封于陶，后来迁于唐，所以被称为陶唐氏”。

可是，“被封于”之说本身就是对中国历史上的原始社会氏族公社时期的一种误解，是错误的。

战国末西汉初出现的《世本》、《帝皇》，与《吕氏春秋·古乐篇》的观点不同的是，它则称“帝尧生陶唐氏”。

《史记·五帝本纪》其《注释》道：大抵尧当是古时居今山东省定陶县一带的称为陶的部族的宗祖神。这神也可能是该族一个杰出首领神化的结果。加上后来种种传说，或说尧曾居唐（臣瓒等说），唐遂与陶发生联系。

《注释》又接着介绍说：“帝尧”，自帝尧与陶唐氏合一以后，又称帝尧为“唐尧”。旧注家皆以陶、唐为地名，因地为号。《汉书·地理志》：中山唐县，《注》此唐在今河北

省定县一带。

“原文”谓“舜封尧子丹朱于唐”，这，明显是受司马迁的观点影响所至的。

司马迁在其《史记·五帝本纪》的著作中，有道：“尧知子丹朱不肖，不足授天下，于是乃权授舜”、“尧子丹朱，舜子商均，皆有疆土，以奉先祀”。《注释》据《括地志》而注之，“尧后封于定州唐县（今河北定县北之唐县）”。

其实，笔者在前文已阐明：司马迁的误解，全在于他“用后世国家的礼制附会为尧、舜时事”之过。“尧后封于”也犯了同样的错误。

不过，帝尧的后裔，更准确之为帝尧子丹朱的后代子孙，也因种种传说，导致在周初时以邑为氏却是情有可原的。

笔者之所以认为，唐姓氏族始立于周初“以邑为氏”的习俗之中，而推翻“以国为氏”的言论。其实在前文也已阐明；一者，“旧注家皆以陶、唐为地名，因地为号。”二者，在夏王朝未成立之前（即包括夏禹时），授“封”及“封国”等封建社会的产物，尚未（也不可能）出现。

而因传说中的尧是陶唐氏，唐姓氏族甚至因而奉祀尧为始祖也是可以谅解的。

费

原文：“费”羽音。江夏郡。系出嬴姓。伯益治水封于大费，裔孙昌仕商，以国为氏。纣臣有费仲，鲁有费伯。○

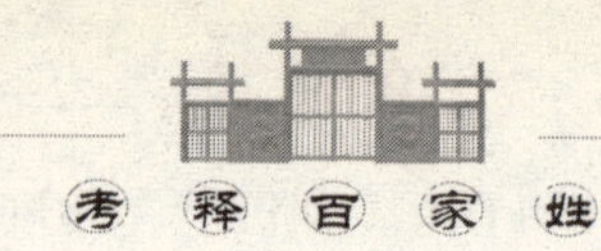

费，音秘。

考释：古时江夏郡，在今河北省武汉西南、江夏一带。

“原文”谓“伯益治水封于大费”也显然是受司马迁的观点影响。司马迁在《史记·秦本纪》篇中，又犯了“用后世国家的礼制附合为尧、舜时事”之错而云之：“大费，与禹平水土。已成，帝锡玄圭。禹受曰：‘非予能成，亦大费为辅。’……大费拜受，佐舜调驯鸟兽，鸟兽多驯服，是为柏翳。舜赐姓嬴氏。”

其实，伯益，即“尧时而皆举用，未有分职”之“益”，又作“伯翳”。笔者前文已述；而“伯益”又名“大费”。再按《史记·秦本纪》之《注释》道：“大费”，是柏翳因居费地而得（所谓）氏名。这，分明表示“伯益治水封于大费”又是一种误解。

笔者之所以在“氏名”前加注“所谓”，其实在前文已阐明了，更因“大费”时，真正的费姓氏族尚未形成。

司马迁言之“亦大费为辅”更错，最起码也是用词不当。因为“辅臣”，一般而言为前后左右之亲近大臣，亦称“四辅”，此词最早见于西周初年的《雒诰》中，亦可见“辅臣”乃是封建社会、由西周始的产物。

《史记·殷本纪》篇中，的确曾云“而用费中为政”，其《注释》也道：“费中”，他书或作“费仲”。“中”，音同“仲”。

司马迁又说，“太史公曰：余以颂次契之事，自成汤以来，采于书诗。契为子姓，其后分封，以国为姓，有殷氏、来氏、宋氏、空桐氏、稚氏、北殷氏、目夷氏。”

然而，这却不见有“费氏”，只见《史记·秦本纪》有云：“费昌当夏桀之时，去夏归商，为汤御，以败桀于鸣条。”所以，“原文”谓“裔孙昌仕商，以国为氏”，有误；换言之，当时的“费昌”、“费仲”和“大费”也不见得姓“费”，只是取其地名而号。何况，《注释》指出：“以国为姓”，其实是“以国为氏”。上古姓、氏有别，如商、周是氏，子、姬是姓（笔者补充注之：《史记》中的“帝”称以及“姓”、“氏”，均是后世，即战国时人的称呼已成事实），司马迁把姓和氏混为一谈，是不正确的。所谓“姓子氏”、“以傅险姓之”等说法都有问题。

其实“费”地，按《书·费誓》之“费”，则为春秋时鲁（大夫）季氏的封邑，在今山东费县西北。

因此，费姓氏族应始立于周初“以邑为氏”的氛围中，即“伯禽即位之后，有管、蔡等反也，淮夷、徐戎亦兴反。于是伯禽率师伐之于肸……作此《肸誓》，遂平徐戎，定鲁”（见《史记·鲁周公世家》），鲁季氏有功而得“采邑”之时。“肸”，古邑名，亦作“费”，在曲阜东，今山东费县西北。

《注释》亦道：“《肸誓》”，《尚书》篇名。记录在费地誓师之辞。今传本作《费誓》。

费姓氏族始祖则为鲁季氏，而不是伯益。

廉

原文：“廉”角音。河东郡。颛顼曾孙，大廉之后，以

祖字为氏。赵有廉颇。

考释：古时河东郡，在今山西省运城以东、夏县一带。

所谓“颛顼曾孙，大廉之后”，正如《史记·秦本纪》的《注释》有道：据《封禅书》，秦出嬴姓，奉少皞、炎帝、黄帝，但不祭颛顼。这里不提少皞，而从颛顼的后代女脩讲起，是采用《世本》等书的帝系。

而《封禅书》之“秦出嬴姓”，显然与司马迁的“舜赐姓嬴氏”相忤。

其实，《史记·秦本纪》里的“嬴”是所谓的“姓”，而不是所谓的“氏”。一般古书记载皆谓嬴姓出少皞之后（见《注释》），亦可见司马迁把嬴姓归于舜赐姓，是错误的。

《史记·秦本纪》有云：“大费生子二人：一曰大廉，实鸟俗氏”（其实，这也是传说，亦为所谓的“氏”）。

正如《注释》分析道：《左传》昭公十七年也有少皞氏“以鸟名官”的传说。“鸟俗氏”之名可能与传说中的所谓的“姓”及“氏”有关，均是战国时人为写作而作为称呼而已。

所以，笔者相信，“原文”谓之“颛顼曾孙，大廉之后”（也一定是在周初大分封之后）是有理据的。大廉的子孙，“以祖字为氏”而至廉姓氏族形成则是自然而然的事情。

廉姓氏族的始祖当然是大廉了，但他们奉祭颛顼也是情有可原、无可厚非的。

岑

原文：“岑”宫音。南阳郡。系出姬姓。周武王封叔耀子渠于岑，子孙以国为氏。后汉有岑彭，封武阳侯。

考释：古时南阳郡，在今河南省南阳市、邓川县北一带。

“叔耀”系周文王庶子，武王庶兄。“叔耀子渠”即姬渠，“岑”即“涔”去水，“涔”也即“灊”，（见《汉志》），古相通，在今陕西洋县，城固北境。

《诗·大雅·文王有声》：“既伐于崇，作邑于丰”。

“丰邑”，系周文王建都之邑，也在今陕西长安县沣水以西。可见，“岑”地为周王畿内，为周与国。

由于姬渠是武王庶兄，受周武王封于岑为国号，不属“支子不祭”之列。

所以，姬渠的子孙能以岑（国号）为氏，姬渠则为岑姓氏祖的始祖。因而“原文”谓“岑”，“系出姬姓”之道合理。

薛

原文：“薛”徵音。河东郡。系出任姓。黄帝裔孙奚仲封于薛，历夏、商、周，世为诸侯。后世子孙以国为氏。宋

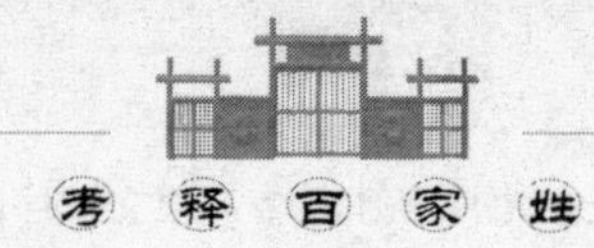

有薛居州，赵有薛公。

考释：古时河东郡，在今山西省运城地区一带。

《中国通史》有道，“夏启为首的奴隶主贵族，为了维护他们的利益，建立了奴隶制国家”、“平民，本来是和贵族属于同一部落，甚至是同宗一家，但他们从事生产劳动，并受到贵族的奴役和剥削”、“在夏代，各生产部门的奴隶（包括平民）大多仍保留着族居的现象，夏朝对各部落的搜刮，是在不改变其原有社会结构的情况下进行的。它改造和利用了被征服部落的组织，从而也改变了自身原先的社会结构”、“奴隶绝大部分来自战争中的俘虏。夏朝对各部落的战争，带有明显的掠夺性质。被夏征服和承认夏朝共主地位的各部落，大都对夏朝承担着贡纳义务。‘贡’一般是贡献当地出产的方物，同时也包括进贡子女，充当夏朝贵族的臣妾。奴隶对于奴隶主来说是一种和牲畜一样的财产，因而掠夺奴隶是战争的一个主要目的。战争中的俘虏，除一部分被屠杀外，都成为战胜者贵族的财产。有时，征服者还保留被征服部落的氏族组织，而整个地把他们变成自己的种族奴隶。”

因此，在夏代——奴隶制社会中，受“封”是一种不可思议的东西，也是不可能的。而事实上，“封”本质（根本上）是周初大分封后的封建制度的必然产物。“诸侯称国，卿大夫称家”的现象以及“侯”，爵号也始于周代。何况，正如《史记·夏本纪》注释云：“帝”字为司马迁沿用战国后字义，对夏后的误称。当时君主名称只称“后”而不称“帝”。

况且，“夏朝对其居民的统治，已打破了氏族组织和与之相适应的血缘关系，而‘按地区来划分它的国民’。夏把天下分为九州，置九牧管理。‘牧’是地方长官（实为贵族和奴隶主而已），表明夏已有一套行政管理机构了。”（见《中国通史·分土贡赋》）

所以，“原文”谓“奚仲封于薛，历夏、商、周，世为诸侯”，以及当今网上人云亦云“奚仲在夏禹时任车正（官名），传为车的创造者，居于薛，称薛侯。”都是错误的。因为，夏禹之后，即禹子启成立中国历史上第一个奴隶制国家——夏王朝后才有“车正”等职称。

《史记·楚世家》的注释有道：春秋薛地，本在今江苏邳县西南，魏惠王三十年，迁于薛，改名徐州。

因此，读者可见，奚仲的后裔以邑（薛地）为氏，而不是因“称薛侯”更不是“以国为氏”的。

薛姓氏族形成于姓氏林立的春秋（即东周）时期，他们以奚仲为始祖也能服众。

雷

原文：“雷”商音。冯翊郡。系出黄帝子雷公之后。汉有雷义。晋有雷焕。

考释：古时冯翊郡，在今陕西省西安东、渭南北一带。

有人介绍道：相传方雷氏是炎帝神农氏的九世孙，被黄帝封于方山（在河南中北部的嵩山一带），建立诸侯国。其

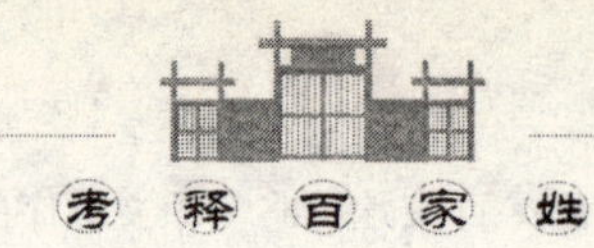

子孙以国为氏，复姓方雷，后分为两支，一支姓雷，一支姓方（引自《古今姓氏书辨证》）。

于是，网上便人云亦云，指《古今姓氏书辩证》是宋人邓名世所作。而且，言之凿凿又云：雷姓是个古老的姓氏。相传黄帝有大臣雷公，精通医术，是个名医。曾与黄帝讨论医学理论。《素问·著至教书论》说“黄帝坐明堂，召雷公问之。”

按《史记·五帝本纪》所云：“轩辕（即黄帝）乃修德振兵……以与炎帝（即神农氏）战于阪泉之野。三战，然后得其志。”而且，其《注释》有道：“方雷氏，黄帝妃……”则可见“相传方雷氏是炎帝神农氏的九世孙，被黄帝封……”是多么的荒谬的了。

有关在夏后之前，司马迁使用“帝”的称呼之错误，前文已述。“臣”之称更是封建制度（周代始）的产物，那么，“相传黄帝有大臣雷公”亦显然是以讹传讹，不可取之。

至于“黄帝二十五子”的问题，前文也已阐明应为“支族”或“分枝”而已。而“原文”谓“黄帝子雷公”则属无考。

况且，《汉书·古今人表》曾云：“方雷氏，黄帝妃，生玄嚣，是为青阳。”《帝王世纪》亦道：“次妃方雷氏曰女节，生青阳。”

即使其“子”——“雷公”若立，也只能解释为黄帝一分“子”（即分枝）；并且，雷姓氏族在“雷公之后”、在周初大分封后以字（雷）为氏而立也才勉强说得过去。

贺

原文：“贺”商音。广平郡。系出庆氏。齐公子庆父之后。汉侍中庆纯，避安帝父清河王讳，改贺氏。晋有贺循，唐有贺知章。

考释：古时广平郡，在今河南省洛阳西南、宜阳东北一带。

“庆父”，《史记·鲁周公世家》有云：（鲁）庄公有三弟，长曰庆父，次曰叔牙，次日季友。

因此可见，“原文”谓“齐公子庆父”有误。

庆父在春秋鲁庄公乃至鲁缗公时期是个举足轻重之人。“庄公无遗嗣”且“病，而问嗣于弟叔牙”时，叔牙曰：“一继一及，鲁之常也。庆父在，可为嗣，君何忧?”——可见，庆父几乎得以继位（即嗣于鲁庄公之位）。而且，“庆父竟立庄公子开，是为缗公。”（均见《史记·鲁周公世家》）

所谓“系出庆氏”，由于鲁庄公为春秋的众诸侯之一，按周制“诸侯赐卿大夫为氏”，庆父也必然受鲁庄公所赐为庆氏而无疑，它说则属无稽之谈。

“庆父之后”——庆纯“官拜侍中”，为避汉安帝父清河王（刘庆）的名讳，并取其同义的“贺”改之。

所以，贺姓氏族形成于（东）汉安帝刘祜（公元107丁未立永初元年）左右，聚居之地在江苏，会稽等地，其

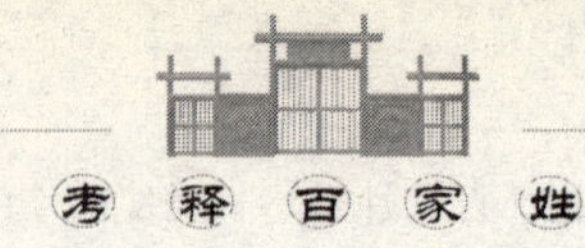

始祖为庆纯也无可厚非。

倪

原文：“倪”宫音。千乘郡。周有黎、郳，附庸小国，后号小郳，子孙去邑为兒氏。汉有兒宽，后加人为倪。

考释：古时千乘郡，即古称“不羹”，在今河南舞阳、西北、襄城东南（见《史记·楚世家》）一带。

周之郳（前称“郳”），既为“附庸”就不能称之为“小国”。因为前文已述；周代小国其领地方圆五十里；方圆不够五十里的，不能与天子直接联系，附属于诸侯，叫做附庸。所以，原文谓“附庸小国”是一种误解。

再由于周代天子之下，封爵号：公、侯、伯、子、男等五级，均称为“君”（诸侯）；而“诸侯称国，卿称有家”，故此，“附庸”者不能称“君”、“诸侯”，充其量只能称“卿家”或“领主”，不可能所谓“以国为氏”，也只能以地（领地）为氏。当时，“郳”之领主，系春秋时鲁庄公之子、鲁缗公之弟——申如，又称“申如郳”。其领地在邹（今山东邹县）。

鲁庄公因“无遗嗣”，他死后，鲁国则发生内乱。上文“贺”姓氏族篇之略述。

然而，“缗公二年，庆父与哀姜通益甚。哀姜与庆父谋杀缗公而立庆父。庆父使卜齮袭杀缗公于武闱（即王宫之侧门）。季友（即庆父弟）闻之，自陈与缗公弟申如郳，请

鲁求内之。鲁人欲诛庆父。庆父恐，奔莒。于是季友奉子申人，立之，是为釐公亦庄公少子。哀姜恐，奔邾。”（见《史记·鲁周公世家》）

鉴于此而避后患，“申如”的子孙取前称“郳”且“去邑为兒氏。”到了汉代“兒”之后，“加人为倪”，这也总算合情合理。

由此可见，倪姓氏族虽拟于汉代形成，但实际意义应从“兒”，于情于理也算始立于春秋鲁釐公（公元前659壬戌立元年至公元前626乙未）在位期间，“申如”也算为始祖吧。

汤

原文：“汤”商音。中山郡。系出子姓。宋公子荡意诸。后去草为汤氏。晋有汤休。

考释：古时中山郡，在今河北省保定、定县一带。

“原文”谓“宋公子荡意诸。后去草为汤氏”。然而，这种注解显然牵强且难以服众。

因为，周成王时，“周公既承成王命诛武庚，杀管叔，放蔡叔，乃命微子开代殷后，奉其先祀，作《微子之命》以申之，国于宋。微子故能仁贤，乃代武庚，故殷之余民甚戴爱之。”（见《史记·宋微子世家》）其《注释》也道：“宋”，子姓。西周初年，周公东征平定武庚叛乱后，另立归顺周王朝的纣王庶兄微子启建立宋国，都商丘（即今河南省商丘)，统治原商周围的殷商遗民。宋保存殷商文化传统最多，被看做古代礼制的典范，受到诸侯尊重。

况且，在这以前，即周武王克纣后，《史记·周本纪》有记载：封商纣子禄父（即纣子武庚）殷之余民。武王为殷初定未集，乃使其弟管叔鲜、蔡叔度相禄父治殷。

后来，既然“乃命微子开代殷之，奉其先祀”，那么，此举也必祀“商殷之君”——“成汤”了。

《史记·殷本纪》有云：成汤，自契至汤八迁。汤始居亳（故地在今山东曹县、河南商丘市之间)，从先王居，作《帝诰》。（“《帝诰》”《尚书》佚（即散失）篇，而所谓“帝”称也是出自后世之称)。

因此，在“以国为氏”而形成宋姓氏族的同时，成汤的后裔，以（祖）字为氏便是顺理成章的事情，也是不容置疑的。

汤姓氏族奉祀成汤为始祖，更显“奉其先祀”之德。

滕

原文：“滕”宫音。南阳郡。系出姬姓。武王封弟叔绣于滕，其后以国为氏。战国有滕更，汉有滕婴。

考释：古时南阳郡，在今河南省南阳市、邓州县北一带。

据《史记·管蔡世家》所述，在“武王同母兄弟十人”中，“叔绣”不在所列。

又由于武王其“母曰太姒，文王正妃”，因此，叔绣系周文王“十五子”中的支子或称“庶子”，也是周武王的庶弟。

“武王封弟叔绣于滕”，其“滕”地在周王畿内岐周（今陕西扶风、岐山二县之间）附近，“滕国”则为周与国（小国）。

叔绣的子孙，以国（滕）为氏，滕姓氏族因此而立，叔绣则为始祖便自然而然了。

殷

原文：“殷”宫音。汝南郡。系出子姓。商自盘庚迁国，改号曰殷，其后以国为氏。晋有殷浩，唐有殷开山。

考释：古时汝南郡，在今河南省驻马店、汝南一带。

“原文”谓“商自盘庚迁国，改号曰殷”，其实是一种误解。因为，从商之亳（故地在今山东曹县、河南商丘市之间）迁都于殷，而不是“迁国”更不是“改号”。所以，“商”地称之为“商殷”。

《史记·殷本纪》其《注释》也道：“殷契”，商族传说中的始祖。殷本是地名（在今河南安阳市一带），商朝建过都的地方很多，殷是其中比较重要的一处，所以商也称殷。

何况，《史记·殷本纪》有云：“帝阳甲崩，弟盘庚立，是为帝盘庚。帝盘庚之时，殷已都河北……”明文可见不是“迁国”、“改号”。

与此同时，笔者必须再次指出，也正如《注释》有道：我国统治者生称帝，始于战国时代。《史记》认为商代称帝，是错误的。

《注释》还指出：盘庚迁都，依《史记》之说，应是从黄河以北的邢迁到黄河以南的亳；依古本《竹书纪年》，则是从黄河东南的奄（在今山东曲阜，为南庚、阳甲所居）迁到黄河以北的殷（在今河南安阳市西北）。今人多从《竹书纪年》之说。并且，“徙河北”，据古本《竹书纪年》，徙河北的是盘庚，而且自盘庚迁到河北的殷以后，至纣之亡，一直没有再迁都。《史记》说武乙“去亳，徙河北，”恐不可信。

这样，“其后以国为氏”还算说得过去。

不过，“其后”，即殷姓氏族的形成，也必然与前文所述之“宋姓氏族”及“汤姓氏族”形成的原由、时间相同或相距不远且已成习俗之时。

鉴于《史记·殷本纪》有云：“帝太甲修德，诸侯咸归殷，百姓以宁。伊尹嘉之，乃作《太甲训》三篇，褒帝太甲，称太宗。”且在“盘庚”之前；所以，殷姓氏族奉祀太甲为始祖亦有理有据。

罗

原文：“罗”徵音。豫章郡。系出祝融氏。春秋有罗国，子孙以国为氏。晋有罗结，唐有罗艺。

考释：古时豫章郡，在今江西省南昌地区一带。

“原文”谓“祝融氏”，完全是根据《史记·楚世家》所云：“重黎为帝喾高辛居火正，甚有功，能光融天下，帝喾命曰祝融。”所以，这，也可见所谓“祝融”就是“重黎”——帝颛顼高阳的后裔；“高阳者，黄帝之孙，昌意之子也。高阳生称，称生卷章，卷章生重黎。”（见《史记·楚世家》）

《注释》有道：“火正”，传说古代有掌五行之官：“木正曰句芒，火正曰祝融，金正曰蓐收，水正曰玄冥，土正曰后土”、“祝融”，本为官名，后用为氏名。

然而，事实上，“五行”说，始自战国时代，司马迁沿用之才有“五帝”说。况且，前文已述，“正”官名，最早见于夏（奴隶制）王朝。

所以，司马迁在《史记·楚世家》篇中说：“重黎为帝喾高辛居火正”、“帝喾命曰祝融”，都是错误的。

“春秋有罗国”，据宋人邓名世《古今姓氏书辩证》的介绍，“罗国”是周武王时分封的诸侯国之一，“最早在今湖北襄樊市南漳县一带定都，因附近有河名为罗水，故称罗子国。”所以，“子孙以国为氏”也有此据之。

毕

原文：“毕”徵音。河南郡。系出姬姓。周文王子毕公高之后，以国为氏。晋国有毕万，晋朝有毕卓。

考释： 古时河南郡，在今河南省洛阳以南一带。

《史记·周本纪》有云："九年，武王上祭于毕。"其《注释》有道：此纪《集解》引马融说于毕为文王墓地所在。按毕又称毕郢或程，在今陕西咸阳市东，文王迁都于丰之前曾一度居此。据《左传》昭公九年传记周大夫詹桓伯之言，"毕"为周之西土。

司马迁说："武王即位，太公望为师，周公旦为辅，召公、毕公之徒左右王，师修文王绪业。"（见《史记·周本纪》）

其实，"毕公"原为"姬高"，与"武王"原称"姬发"一样所谓"系出姬姓"。不过，姬发与姬高是同父异母的兄弟。正如《注释》有道：毕公名高，亦文王庶子，因封于毕（在今陕西咸阳市东）而称毕公，康王时为周作册。

毕公高的子孙以国为氏是理所当然的事情，但毕姓氏族的子孙更应当知道"系出姬姓"，始祖是"姬高"，后来才称为"毕公高"的。

郝

原文："郝"徵音。太原郡。系出太昊氏。太昊弟郝省封于郝。汉有郝贤，晋有郝隆。

考释： 古时太原郡，在今山西省太原以及西南、晋阳一带。

《中国通史·传说中的原始社会》有道：在中华大地漫长的原始时代，有很多神话传说。进入有文字记载的历史时代以后（尤其在春秋战国时期），这些传说部分地用文字记录下来，保存在《周易》爻辞、《左传》、《国语》等文献中。

一些古代学者曾注意到利用与发掘“社会化石”类似的方法，收集古代社会史迹。到了百家争鸣的战国时代，各个阶层的思想家和策士谋臣，为了阐发自己的理想和谋策，喜欢援引古人言行，更多的古史传说被发掘和记录下来，甚至按引述者的需要而被改造。

例如，《汉书·律历志》中的《世纪》所述，历史上第一个帝王是太昊伏羲氏，代表渔猎经济时代。但，称“帝”显然是后世人为的。《史记》的写作方法和良苦用心，笔者在前文已阐述过了。《中国通史·原始社会·人物图鉴》又云：伏羲氏，传说中远古部落首领。一说伏羲氏即太皞氏（或作太昊）。

这也可见“原文”谓“系出太昊氏”的出处。

然而，“太昊弟郝省封于郝”，就令读者觉得莫名其妙了。太昊弟——郝省，是与否，姑且勿论；但，“封于郝”的“太昊弟”究竟（?）省呢？这也显然有违前因后果的规律了。

相反，据《新唐书·宰相世系》的介绍，在原始社会的父系氏族中有（所谓的）郝省氏，曾辅佐过太昊。后来，“郝省氏”的后裔——期，被商王帝乙封于大原（后为太原）的“郝”地（今山西太原东北之郝乡），从此便以郝为姓。

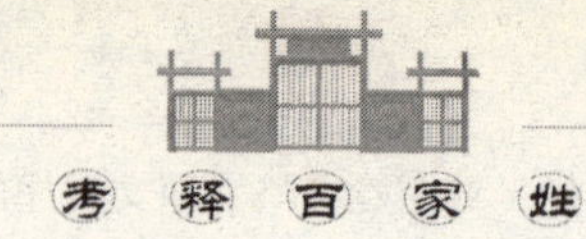

但可惜该介绍，毕竟取材于口耳传说中，难以为真凭实据。而且，所谓的“郝省氏”的后裔，却如此凑巧“封于郝”？

关于“帝乙”，在《史记·殷本纪》有记载：帝太丁崩，子帝乙立。帝乙立，殷益衰。帝乙长子曰微子启，启母贱（即妾），不得嗣。少子辛，辛母正后，辛为嗣。帝乙崩，子辛立，是为帝辛，天下谓之纣。

然而，前文已经再三阐明，“商王帝乙”时属奴隶制社会，根本不可能有封建（分封）的现象，所以，《新唐书·宰相世系》这种介绍，同样也是站不住脚的。

因此，即使“郝省氏”的后裔“期”的后代，到周代，又鉴于周初大分封后、“诸侯赐卿大夫为氏”始，他们仿照别的姓氏，省而简之为“郝”；换言之，郝姓氏族的形成也只能在周初大分封后“以某为氏”的习俗中。否则，难以立论，也难以服众。

邬

原文：“邬”商音。太原郡。晋大夫邬藏之后。孔子弟子有邬单。

考释：古时太原郡，在今山西省太原以及西南、晋阳一带。

《史记·晋世家》有云：

> 昭公六年卒。六卿强，公室卑。子顷公去疾立。

《注释》则道："六卿"，指晋当时世袭国卿、控制军政的韩氏、魏氏、范氏、中行氏、智氏等六个家族。"顷公去疾"，公元前525年至公元前512年在位。

《史记·晋世家》继而又云：

> 十二年，晋之宗家祁傒孙、叔向子，相恶于君。六卿欲弱公室，乃遂以法尽灭其族，而分其邑为十县，各令其子为大夫。晋益弱，六卿皆大。

《注释》也道："分其邑为十县"，按《左传》昭公二十八年，祁氏之邑分为七县，羊舌氏之邑分为三县，十县具体是：邬、祁、平陵、梗阳、涂水、马首、盂、铜鞮、平阳、杨氏。"各令其子为大夫"，按《左传》昭公二十八年，司马弥牟为邬大夫，贾辛为祁大夫、司马乌为平陵大夫，魏戊为梗阳大夫，知徐吾为涂水大夫，韩固为马首大夫，孟丙为盂大夫，乐霄为铜鞮大夫，赵朝为平阳大夫，僚安为杨氏大夫，除知徐吾、赵朝、韩固、魏戊系六卿庶子，余皆非六卿子弟。

当时，祁氏之邑，在今山西省祁县地区一带。

因此，读者可见"原文"谓"晋大夫邬藏"是一种误解，应为晋之邬大夫——司马弥牟。"邬"，则为祁氏之邑一地方（县）而已。

所以，晋之邬大夫司马弥牟之后，以地（名）为氏，邬姓氏族形成之。这样，才与史记相符。

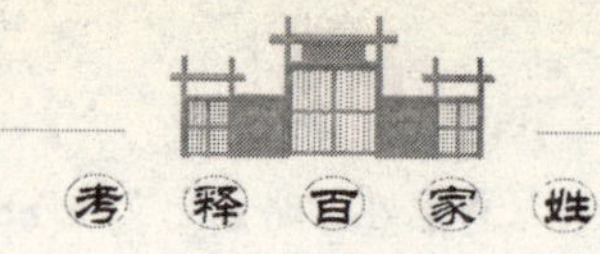

安

原文：“安”商音。武陵郡。系出有熊氏。昌意子安。居于西戎，是为安息国。后魏时，世子入侍，赐姓名安同。唐有安金藏。

考释：古时武陵郡，在今湖南省长沙西北地区。

“昌意”，系黄帝正妃（实指“原配”，“配”与“妃”古相通，而“妃”则后世之称呼而已）——嫘祖所生之子、青阳之弟。

《史记·五帝本纪》有云：

> 昌意娶蜀山氏女，曰昌仆，生高阳，高阳有圣德焉。黄帝崩，葬桥山。其孙昌意之子高阳立，是为帝颛顼也。

除了螺祖“生二子”（即青阳，昌意）外，《汉书·古今人表》有补充道：“彤鱼氏，黄帝妃，生夷鼓。嫫母，黄帝妃，生苍林。”而且又见，“黄帝二十五子，其得姓者十四人。”（见《史记·五帝本纪》）不过，“二十五子”《国语·晋语》作“二十五宗”，疑是黄帝部族中的二十五支。“其得姓者十四人”，《国语·晋语》谓十四人实有十二姓，即姬、酉、祁、己、滕、葴、任、荀、僖、姞、儇、衣。其中青阳与夷鼓同为己姓，玄嚣与苍林同为姬姓。

再者，“昔高阳氏有才子八人”、“昔高辛氏有才子八人”（均见《史记·五帝本纪》），《左传》文公十八年载高阳氏才子八人为苍舒、颓敳、梼戭、大临、龙降、庭坚、仲容、叔达；高辛氏才子八人为伯奋、仲堪、叔献、季仲、伯虎、仲熊、叔豹、季狸。

《注释》则道，“实为高阳部族的八个支族”、“实为高辛部族的八个支族”，且“此八族皆无可考”。

所以“原文”谓“昌意子安。居于西戎，是为安息国。”亦无可考，且疑人云亦云之误解。何况，“昌意子安”时，还处于原始氏族公社社会，其“氏族公社”也是后世之称呼，其实应称“部落”或“部族”。而且，“昌意子安”显然是“史前史”即口耳相传的传说中的讹传，它与后世（秦汉时期）的“安息国”的关系，更可谓“风马牛不相及”，且相距太遥远了。

因为“国”之称，据史载，（具体而言）到了周代乃至春秋战国时代，才有诸侯称国，卿大夫称家的原由。而汉代司马迁编写《史记》时，却把“王”、“帝”、“百姓”、“诸侯”、“赐”、“封”、“国”等字眼，写在殷商之前即奴隶制社会的史篇里；甚至将原始氏族公社社会的所谓“姓”和“氏”（后世的称呼），以及春秋战国时代的“姓”、“氏”经常混淆一谈，也造成后世的不少误解和错误判断。

有关“安息国”，在《中国通史·张骞通西域》篇中则有记载：在同匈奴进行斗争的同时，西汉积极加强同西域的联系。为联系西域夹击匈奴，公元前138年，汉武帝募人出使西域，张骞应募……元狩四年（公元前119年），张骞以中郎将奉命再次出使西域，目的是联络大国乌孙，请其返回

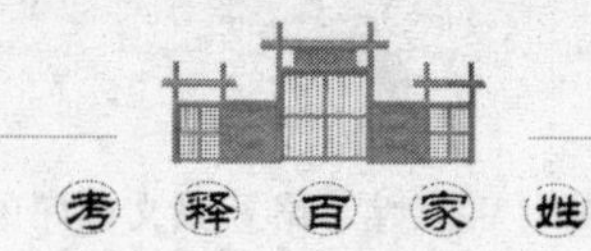

故地河西，共同打击匈奴，并招引西域各国臣属于汉。汉朝的使团有300余人，每人马二匹，并携带牛羊万头，价值亿万的金帛，顺利到达乌孙。乌孙国王猎骄靡年老，不能做主；大臣们都惧怕匈奴，认为汉朝太远，不愿迁回故地，但答应使者数十人随张骞入朝，献良马数十匹答谢。张骞又派遣副使分赴大宛、康居、大月氏、安息、身毒、于阗及诸旁国，进行外交活动。元鼎二年（公元前115年）夏，张骞同乌孙使者回国，其副使也带了西域各国的使者陆续还朝。从此，汉朝与西域葱岭内外诸国首次建立了外交关系，相互间的交往日益频繁起来，而乌孙后来也和汉朝通婚和好，共同击破匈奴。

汉朝通西域以后，中国和中亚、西亚、北非、欧洲的通商关系也开始发展起来。那时候，中国的丝和丝织品自长安西运，经河西走廊，然后分南北两路。南路由玉门关西行，沿昆仑山北麓至莎车（今新疆莎车县）。越葱岭，出大月氏，到安息（今伊朗）；北路由玉门关西行，沿天山南麓，越葱岭，到大宛、康居，再往西南到安息，再从安息转运到西亚、北非和欧洲的大秦，这就是历史上有名的“丝绸之路”。

当时的“安息国”也简称“安国”，相传它和于阗等九国属“昭武九姓”国。（也见于《中国通史·隋与西域各族的关系》）那么，安姓氏族“以国为氏”而形成之，乃是正常的。

按照西周初昭穆制，太王以下五王，王季为昭，文王为穆；武王为昭，成王为穆。那么，所谓“昭武九姓”则是周初大分封的产物，安姓氏族始于“以国为氏”之时，也

很可能在用周武王在位的时候。

常

原文：“常”商音。平原郡。黄帝相常先之后。汉有常惠、晋有常璩，明有开平忠武王常遇春。

考释：古时平原郡，在今山东省济阳西北及德州一带。

笔者相信读者阅读本《考释百家姓》到这儿，一定明白：“帝王将相”，众所周知，是封建社会的产物。既然《史记》“五帝”之称，是司马迁沿用战国人“五行说”及称“帝”始而作；那么，所谓的“轩辕氏”只不过是当时原始部族的首领，而不是“帝”，又何来有“相”官呢？所以，“原文”谓“黄帝相”云纯属误解。

诚然，司马迁在《史记·五帝本纪》中写道：

> 获宝鼎，迎日推策。举风后、力牧、常先、大鸿以治民。顺天地之纪，幽明之占，死生之说，存亡之难。时播百谷草木，淳化鸟兽虫蛾，旁罗日月星辰，水波土石金玉，劳勤心力耳目，节用水火材物。有土德之瑞，故号黄帝。

这，也可见“常先”在黄帝的身旁，是一位很得力的助手，也是部落中很有才能的人。

“常先之后”，应指常先的后裔；更准确来说，在周初

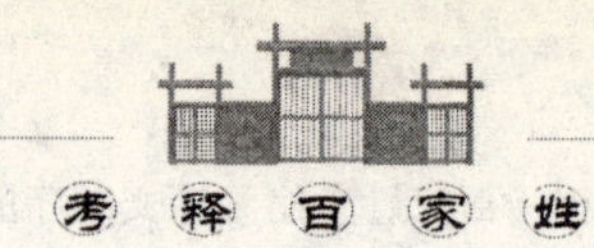

大分封后，又以某某为氏成为习俗时，当时常先的后裔，便以（祖）字为氏。

相距虽然甚远，但念祖恩宗乃是中国人的美德，常姓氏族以祖为荣、以此为氏，当然也是理直气壮的。

乐

原文：“乐”角音。南阳郡。系出子姓。宋戴公子衍字乐父，其后以王父字为氏。燕有乐毅。又有乐正、乐羊，皆复姓。又药姓出河内郡。汉有药崧。

考释：古时南阳郡，在今河南省南阳市、邓州县北一带。

“宋”，系出子姓。“子姓”也即是原始氏族公社社会（父系氏族）中的所谓的“姓”。西周初年，周公东征平定武庚叛乱后，另立归顺周王朝的纣王庶兄微子启建立宋国，都商丘，统治原商都周围的殷商遗民。

“宋戴公”，在《史记·宋微子世家》有记载：

> 二十八年，釐公卒，子惠公覸立。惠公四年，周宣王即位（注：公元前857甲戌周宣王静立元年）。三十年（即公元前800年辛丑），惠公卒，子哀公立。哀公元年卒，子戴公立（即公元前799壬寅）。
>
> 三十四年（即公元前765丙子，已是春秋时），戴公卒，子武公司空立。

由此可见，“宋戴公子衎字乐父”并不是嗣子，得不到继位，就不可能称“王”。

所以，乐父的子孙也不是“以王父字为氏”，而是以父字（乐）为氏，春秋时乐姓氏族亦因而形成，乐父则为之始祖。

至于原文谓“又药姓出河内郡”，与“乐”有何关系，又是否原编著的错误，笔者就无法考释。

于

原文：“于”，羽音。河内郡。系出姬姓。武王子封于邘，后世去邑为于氏。汉有于定国，相宣帝。

考释：古时河内郡，在今河南省武陟西南一带，郡治所在怀县。

在殷商末代纣王时，《史记·殷本纪》有云：

> 百姓怨望而诸侯有畔者，于是纣乃重刑辟，有炮格之法。以西伯昌、九侯、鄂侯为三公。

（注：其实周代才有“三公”之称，见《尚书·周书·周官》，司马迁又沿用之。）

其《注释》道：“西伯”，西方诸侯之长。“西伯昌”，即周文王。“九侯”，有的古书作“鬼侯”，“九”、“鬼”古音相近。（当时）古代在今河北磁县西南有九侯城，也称鬼侯城。或谓鬼侯即鬼方（商代西北方的一个方“领地”）的族长，鬼侯城是任职于商王朝的鬼侯在王畿内之邑，或称为领地。“鄂侯”，有的古书作“邘侯”。

在《中国通史·文王治岐》篇中，更有详述之：周和商很早就发生了关系。武丁时的卜辞中有“令周侯”和“璞（伐）周”的记载。《易经》中载武丁伐鬼方，周人也参加，并因战功得到商的嘉赏。这些史料说明了周族人在武丁时已为商王朝派侯，即一方之长。

古公亶父死后，幼子季历继位（部族首领），周人称为王季。王季对西北诸戎狄部（落）发动进攻，取得了很大胜利，商王文丁任命王季为牧师，承认他是西方的霸主（之长），号称西伯。王季又与商王联姻，势力日益强大。商王文丁为抑制周族的势力，便借故杀死了季历。自此，商周之间的矛盾日益激化。季历死后，其子姬昌继位为西伯，即著名的周文王。他在位时礼贤下士，广罗人才，如任用吕尚（又名姜尚，俗称姜太公）为军师，吕尚在灭商中起了重大作用；文王又整顿政治，制订了“有亡荒阅”的法律，得到了奴隶主贵族的拥护；并实行“怀保小民”的政策，缓和了阶级斗争。文王还积极地发展农业生产，亲自督促众人从事农耕，增强了经济实力。商纣王感到了周的威胁，便将文王囚禁于羑里（今河南汤阴县）。后来纣王虽然释放了文王，但是商周关系更加紧张了。

文王被放回后，决心与商对抗，于是除修治内政外，又对外扩张以发展自己的势力。首先北逐犬狁，先后征服了西北的西戎等部族，又向西南伐蜀，扩大了领土，解除了东进的后顾之忧，巩固了后方；然后全力向东扩张，灭掉邘

（今河南沁阳）、黎（今山西黎城）、崇（今陕西户县东）等商的盟国，（使）商失去了西部屏障；为了继续向东发展，乃“作邑于丰，自岐下而徙都丰”（今陕西沣水西岸），占有了富庶的关中平原，周日益强盛了。至周文王晚年，形成了“三分天下有其二”的局面。但是，周文王没有来得及灭商就死去了。

到了周灭商后，周初“封邦建国”且“周王子弟一般都得到了封地，成了大小诸侯”。不过，“周王朝建立两年，武王就死了，子成王诵（太子）年幼，不能管理这个新建立的国家，于是武王弟周公旦‘履天子之籍，听天下之断’。”（均见《中国通史·周朝的建立》）

因此可知，“原文”谓“武王子”实为庶子或称支子，即非正妃所生之子。

所以，“后世去邑为于氏”应为“武王支子以邑为氏”、“邘”与“于”古相通，故也有古书称“于”，于姓氏族形成系顺应时势于周初。

时

原文：“时”徵音。陇西郡。宋大夫公子来，食采于时，齐有时子，汉有时苗。

考释：古时陇西郡，在今甘肃省武山、临洮县一带。

据传周初大分封有七十一国。西周分封，以宗法血缘关系为纽带，建立起周天子统辖下的地方行政系统，从而在一定时期内起到了加强周王朝统治的作用。分封制还为维护天子、诸侯、卿、大夫、士这一等级序列的礼制的产生，提供了重要前提。

由于这“礼制”的产生，而又形成了“诸侯称国，卿大夫称家”、“诸侯赐卿大夫为氏”的格调，遂成封建社会阶层。“宋”是周天子分封的诸侯国，其君主（即诸侯者）通常则按卿、大夫食采之邑，赐之“氏”（多为以邑为氏）。

所以，“公子来”为宋大夫，“食采于时”又“以邑为氏”便为时姓氏族的始祖了。

“时”在“殷墟”，即商代后期的都城附近，即今河南省安阳市小屯村一带。

傅

原文：“傅”商音。清河郡。商有傅说，为武丁相；汉有傅介子。

考释：古时清河郡，在今河南省安阳偏东地区一带。

“原文”谓“商有傅说，为武丁相”，乃原出自《史记·殷本纪》的记载：

> 帝小已崩，子帝武丁立。帝武丁即位，思复兴殷，而未得其佐。三年不言，政事决定于冢宰，以观国风。武丁夜梦得圣人，名曰说。以梦见视群臣百吏，皆非也。于是乃使百工营求之野，得说于傅险中。是时说为

胥靡，筑于傅险。见于武丁，武丁曰是也。得而与之语，果圣人，举以为相，殷国大治。故遂以傅险姓之，号曰傅说。

《注释》有道：帝小乙死后，儿子帝武丁继立。帝武丁即位后，想复兴殷朝，但没有找到合适的助手。因此三年不说话，政事都由太宰决定，暗中观察国情。武丁夜里做梦得到了一个圣人，名叫说。他察着众多的官吏，没有一个跟梦中所见的人相合。于是就派很多画工等类的人在民间到处寻求，终于在傅险这个地方找到了说。当时说作为刑徒正在傅险服建筑方面的劳役。说被送到了武丁那里，武丁一见就说"找对了"。跟他一交谈，果然是个圣人，就任他为宰相，他把国家治理得非常好。于是就根据傅险这个地名来给他定姓氏，称他为傅说。

也有人说："傅说原来为刑徒，被武丁发现，并加以重用。武丁即王位后，便提拔傅说执政。"

根据《中国通史》记载：商王手下有着为数众多的"臣"或"臣正"。见于卜辞和铜器铭文的官名很多，有小臣、小耤臣、小众人臣、卜、史、作册、御史、宰、尹等。属于武职的有马、亚、射、卫等。商代小臣的地位颇高，如汤的辅佐伊尹就是小臣。后来也如此，卜辞中小臣代王祭祀或率兵出征的例子是不少的。

因此，司马迁谓"举以为相"，《注释》云"就任他为宰相"以及"原文"略考之"为武丁相"，均不大妥当。

武丁既然求"其佐"，"傅说"就应为：辅佐武丁的"臣"，或为"小臣"。这，才能与商殷时卜辞和铜器铭文的官名相吻合。

另外，“于是就根据傅险这个地名来给他定姓氏”那却是后事而不可能当时为之，充其量也只能称“傅说”，或称在傅险那个地方，有个圣人，其能令武丁信服的说法，所以叫“傅说”罢了。

因为，“商朝是我国第二个奴隶制国家。奴隶和奴隶主是两个基本的、对立的阶级”。“商朝的基本政体是以商王为首的奴隶主贵族专制”，与此同时，当时的“氏”是贵族的专利。即使“便提拔傅说执政”，但“傅说”毕竟不是贵族出身，摇身一变又马上“来给他定姓氏”肯定有违奴隶制度也有损贵族尊严的。武丁求“佐”，有贤德也肯定不糊涂、更不会贸贸然而冒天下之大不韪的。所谓“听其言，观其行”亦必然有个过程，需要时间，得以验正，才能服众的。而傅说真的能把国家治理得非常好后，那就肯定已是后事了。

当“周武王死后，武庚跟周武王的弟弟管叔、蔡叔一起作乱，成王任命周公讨伐，杀了武庚，把微子立为宋君，使殷的先人仍有后代继续奉祀他们”（见《史记·殷本纪》之《注释》）时，傅说的后裔奉祀傅说的同时，也必然想方设法地把傅说原来的奴隶身份，升格为贵族，便以地名为氏，傅姓氏族从而立之；况且，当时“氏”是贵族的专利。这，才是较为合情合理的事情。

“傅险”地名。他书是作“傅岩”，故地在今山西平陆县东。

皮

原文：“皮”羽音。天水郡。周卿士樊仲皮之后，以字为氏。北齐有皮景和，唐有皮日休。

考释：古时天水郡，在今甘肃省兰州以东、天水及陕西省宝鸡以西一带。

“原文”谓“周卿士樊仲皮”，即是《史记·周本纪》中的“仲山甫”，字皮。因食采于樊，亦称樊仲山父、樊穆仲、樊仲（见《国语·周语上》、《晋语四》）。

《史记·周本纪》有云：“宣王既亡南国之师，乃料民于太原。仲山甫谏曰：‘民不可料也。’宣王不听，卒料民。”

据《国语·周语上》，仲山甫反对料民的理由主要是，古代民户数量是由各有关部门根据籍田、大蒐等活动随时掌握，不由王直接进行统计，直接进行统计不但会暴露周的实力削弱，也会暴露周的行政设施涣散无能。《诗经·大雅·蒸民》也颂扬了他的功德。

仲山甫的嫡子孙，以邑为氏，则为樊姓氏族。而仲山甫的支子孙却因“支子不祭”只好另立门户。不过，他们聪明地以“祖字——皮”为氏；虽不姓樊，但皮姓氏族的祖先，也就是“仲山甫”了。

卞

原文：“卞”羽音。济阳郡。曹叔振铎之后，仕鲁为卞邑大夫。有卞庄子。楚有卞和，东晋有卞壶。

考释：古时济阳郡，在今河南省开封以东、商丘以西一带。

《史记·鲁周公世家》有云：

“二十三年，文公卒，子雠立，是为顷公。”（即公元前272己丑，鲁顷公立元年之时。）

二十四年，楚考烈王伐灭鲁。顷公亡，迁于下邑，为家人，鲁绝祀。

但，查《中国历史年代简表》，应是楚考烈王即位之十四年，也即是公元前29壬子，楚灭鲁。

《注释》道：“下邑”，“下”，一作“卞”。在今山东泗水县东。梁玉绳在《史记志疑》中，曾云：“下邑”乃“卞邑”之讹。

鲁灭亡国，且“鲁绝祀”。然而，笔者相信顷公——雠的子孙是绝不会甘心罢休、坐而待毙的。何况，按已成习俗而以邑为氏为理由，一可避免“家破人亡”，二则可不至于“绝祀”，反而改之便可以顷公为卞姓氏族的始祖而续祀了，也谓之“适者生存”。

至于“曹叔振铎之后”指何人？“仕鲁为卞邑大夫”、“卞庄子”又是否“曹叔振铎之后”？查史记各篇均无史载则无考，疑是“原文”所谓是讹传、误解也。

齐

原文：“齐”徵音。汝南郡。系出姜姓。太公封齐。其后以国为氏。唐有齐映、齐抗。族兄弟同时为相。

考释：古时汝南郡，在今河南省驻马店、汝南一带。

《史记·齐太公世家》的《注释》有道：“齐”，古国名。公元前十一世纪周朝分封的诸侯国，姜姓（注：即后世——春秋战国时人称原始氏族公社社会的所谓“姓”）。其地在今山东省北部。开国君主（即诸侯）为吕尚（亦称姜太公、太公望），建都营丘（后称临淄，今山东淄博东北）。春秋初期，齐桓公称霸，疆土扩大，东至海，西至黄河，南至泰山，北至无棣（今河北省盐山南）。春秋末年，齐政权为田氏所夺。至齐威王时，国力强盛，成为战国七雄之一。公元前221年被秦国所灭。

“其后以国为氏”，“其后”，即在《史记·齐太公世家》有云：“二十六年，康公卒，吕氏遂绝其祀”的时候，也就是公元前379壬寅，史称“田氏并齐”之后。

“康公”，即是齐宣公之子——贷，亦称“康公贷”，于公元前404年至前379年在位。

“田氏并齐”之后，“康公贷”的子孙，便是“其后以国为氏”，齐姓氏族则立，应以“康公贷”为始祖；而齐姓氏族奉祀齐太公——又称姜太公，也是情有可原的。

康

原文：“康”商音。京兆郡。卫康叔之后，以谥为氏。汉有康衡、康穆。

考释：古时京兆郡，在今陕西省西安偏西南一带。

“卫康叔”，即周武王同母少弟——姬封。有关“初封于康，故称康叔”，以及《史记·管蔡世家》记载有误诸事，笔者在前文“卫”姓氏篇中已陈述过了，在此从略。

“康叔之国……能和集其民，民大悦”、“成王长，用事，举康叔为周司寇，赐卫宝祭器，以彰有德。”（均见《史记·卫康叔世家》)。不过，谯周《古史考》考证“康叔”为姬封之谥号。而且《史记索隐》也就《史记·卫康叔世家》谓之“康叔卒，子康伯代立。康伯卒，子考伯立。考伯卒，子嗣伯立。嗣伯卒，子庢伯位。庢伯卒，子靖伯立。靖伯卒，子贞伯立。贞伯卒，子顷侯立。顷侯厚赂周夷王，夷王命卫为侯。”而考证之。笔者考释如下：

一，“康伯”，《世本》云：“卫康伯名髡。”宋忠云：“即王孙牟也，事周康王为大夫。”《左传·昭公十二年》亦作“王孙牟”。谯周《古史考》无康伯，而云：“子牟立，盖以不宜父子俱谥康，故因其名云牟伯也”。

二，“命卫为侯”，《史记索隐》认为卫国从康叔始封时

则为侯爵，不是伯爵。故此，上文“康伯”、“考伯”、“嗣伯”、“庢伯”、“靖伯”、“贞伯”之“后”为“方伯”（一方诸侯之长）之“伯”，非“伯爵”之“伯”。疑该处记载始“命卫为侯”有误。

所以，“原文”谓之“卫康叔之后，以谥为氏”是有理据也是正确的。

因为，既然“康叔卒，子康伯（实为王孙牟）代立”，那么，卫康叔的支子，也即是王孙牟的弟弟，亦称“庶弟”只好以谥为氏了。当然，康姓氏族奉祀卫康叔——姬封为始祖，也完全符合“以谥为氏”的习俗，无可非议。

伍

原文：“伍”羽音。安定郡。系出芈姓。楚公族有伍氏。伍举、伍奢世为楚卿。伍员之祖与父也。

考释：古时安定郡，在今宁夏回族自治区固原地区。

所谓“芈姓”，据《史记·楚世家》云：

楚之先祖出自帝颛顼高阳。高阳者，黄帝之孙，昌意之子也。高阳生称，称生卷章，卷章生重黎。重黎……帝喾命曰祝融……其弟吴回……吴回生陆终。陆终生子六人……六曰季连，芈姓，楚其后也。

《注释》道：“季连”，芈姓始祖。

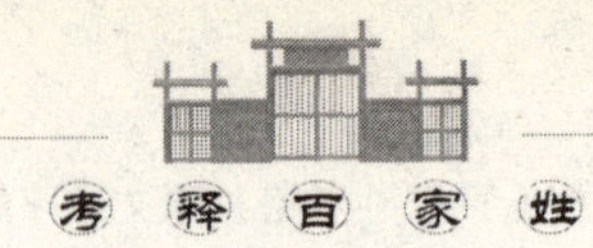

“原文”谓“伍，系出芈姓”，即指是伍姓氏族为季连之后裔。然而，所谓“芈姓”，其实也是后世称呼之所谓的“姓”，而不是周初大分封后，即非源自封建社会至今的姓氏。

而且，按《世本》、《集解》、《索隐》、《水经·洧水注》、《获水注》及《大戴礼·帝系》引，所谓陆终六子是属于陆终氏（其实，也不能称“氏”）的六个氏族，姓氏（指后世）各不相同。

《注释》也道：“芈氏”，芈是（所谓）姓而非氏，古代（指周代）的姓和氏到汉代已经混融为一，司马迁（《史记》）每每混淆二者。

而且，由于司马迁在《史记·楚世家》篇中，有关“伍举直谏楚王事”的记载失误，而造成当今民间流传之《岭南伍氏阖族总谱》也误解为：“我伍氏自参公仕楚穆王商臣为左大夫，有功封于伍地，遂以伍为姓。”

《伍子胥列传》胡平生先生注释道：据考证，伍举事楚灵王，“事楚庄王”者则为伍举之父伍参（即参公）。“楚庄王”，楚穆王之子熊侣，公元前613年至前591年在位。

“伍”地名，史载不详。但，有可能指是取自“许”之“午”，“伍”与“午”古音相近。“许”，相传是姜姓小国，在今河南许昌东。《史记·楚世家》言之“十八年，成王以兵北伐许”，后被楚灭。楚人避讳言之“许”为“午”也，遂以“伍”取代之。

也许如此，参公食采于“伍”（即今河南许昌东），才与“诸侯（即楚庄王）赐卿大夫（即参公）为（伍）氏”相吻合的。

由此可见，伍姓氏族形成于楚庄王（公元613戊申立元年，至公元前590辛未在位）时，其始祖为参公，便是“伍参”。

余

原文：“余”商音。下邳郡。秦穆公伐西戎，获其臣由余以为上卿，其后以王父字为氏。宋有余靖、余玠。

考释：古时下邳郡，在今江苏省徐州西南地区。“由余”，《汉书·古今人表》作“繇余”，《汉书·艺文志·诸子略》录有《由余》三篇。

司马迁的《史记·秦本纪》所记由余之事，见于《韩非子·十过》、《吕氏春秋》中《壅塞》、《不苟》等篇。

《史记·秦本纪》的《译文》道：由余，其祖先是晋人，逃亡到戎地，会说晋国话。戎王听说缪公（也称“穆公”）贤能，所以派由余到秦国考察。秦缪公向他炫耀宫殿建筑和物资储备。由余说：“就是让鬼神来完成，也够烦累鬼神了；就是让人民来完成，也够辛苦人民了。”缪公对他的话很奇怪，问他：“中国（当时指是中原）靠诗书礼乐和法度来治理，尚且经常出乱子，现在戎夷没有这些，那又靠什么来治理呢，岂不是太困难了吗?”由余笑着说：“这恰恰是中国所以发生乱子的原因呀。从至圣黄帝制定礼乐和法度，以身作则，率先奉行，才仅仅达到小治。到了后世，统治者日益骄奢淫佚。依仗法度的威严，去苛求下民，下民疲

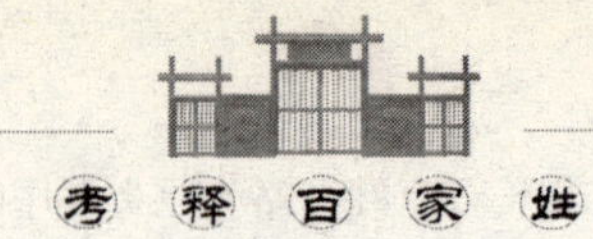

劳到极点就会埋怨责怪统治者不仁不义，上下互相责怪，篡夺杀戮，以至断子绝孙，还不都是由于这类缘故。而戎夷却不是这样。统治者怀有淳厚的仁爱之心以对待其下，下民也怀有忠贞不渝的信义以事奉其上，管理一国之政犹如管理一个人一样，简直不知是凭什么来管理，这才是真正的圣人之治呀。”……戎王喜欢歌舞，也一定会懈怠政事……由余屡次劝谏均不为采纳，缪公也不断派人暗地邀请由余，由余终于弃戎降秦。缪公把他当贵客一样来招待，向他请教如何伐戎。……三十七年，秦采用了由余的计策讨伐戎王，兼并了十二个国家，开拓了方圆千里的土地，终于称霸西戎。

这，也就是“原文”谓之“秦穆公伐西戎，获其臣由余以为上卿”的依据。

不过，由余的子孙应是以（父）字为氏，而不是“以王父字为氏”。由余的功劳再大，当时任其职只为“臣”而不是称“王”。

元

原文：“元”商音。河南郡。卫大夫元咺之后。又出北魏拓跋氏。考文帝改姓元氏。唐有元稹。○咺，音喧，上声。

考释：古时河南郡，在今河南省洛阳以南一带。

“卫大夫元咺”，在《史记·卫康叔世家》篇中有记载。其《注释》道：“大夫元咺”，春秋时卫国大夫。卫成公三年（公元前 632 年）晋欲假道于卫救宋，成公不许。晋改从南河渡，出卫南救宋，征师于卫，他欲答应而成公又不许，于是他攻成公。成公奔楚，他便立公子瑕为卫君。

“卫国瑕”，春秋时卫国公室贵族。姬姓，名瑕，亦称公子瑕。《左传》又作“子适”。成公之弟。而所谓“南河”，古代称黄河自今潼关以上南流向河段为西河，潼关以下西流向河段为南河。《史记集解》引杜预云：“从汲郡南度，出卫南。”此处指今河南汲县一带黄河。“度”，通“渡”。

“元晅之后”，就是指元晅的子孙，以（父）字为氏，元姓氏族则立，“元晅”当然是以始祖了。

卜

原文：“卜”羽音。西河郡。周有太卜之官，其后以官为氏。晋有卜偃，孔子弟子卜商，汉有卜式。

考释：古时西河郡，辖今陕西北部、山西西北部及内蒙古准格尔旗、伊金霍洛旗等部分地区。

笔者在前文“傅”姓氏篇中，已根据《中国通史》的记载，指出殷商时有“卜”官名了。现再查道教有关文献则指殷商时最早的“卜”官为“巫祝”。

“道教”，俗称为中国（源于中原）的“国教”。由中国道教协会研究室编写的《道教常识·道教的起源》篇中有介绍：《纪年》中载：“黄帝崩，其臣左彻取衣冠几杖而庙祀之”。到殷商时代，史前时期的自然崇拜已发展到信仰上帝和天命，初步形成了以上帝（注：即后世称之“三王五帝”）为中心的天神系统，遇事便由巫祝通过卜筮向上帝请求答案；原始的鬼魂崇拜已发展到以血缘为基础，与宗法关系相结合的祖先崇拜……

《史记·殷本纪》亦有云：

> 汤出，见野张网四面，祝曰：“自天下四方皆入吾网。”汤曰：“嘻，尽之矣！”乃去其三面，祝曰：“欲左，左。欲右，右。不用命，乃入吾网。”诸侯闻之，曰：“汤德至矣，及禽兽。”

因此，《史记·殷本纪》之《译文》道：“商汤外出，看到野外打猎的人四面张网，祷告说……”将“巫祝”译为“祷告”，其实是一种误解。

笔者在前文，也曾介绍过，西周早期重要辅臣还有“两寮”，其中“太史寮”之下有太史、大祝、大卜，号称“三左”。

所以，“原文”谓“周有太卜之官”，实为“大卜”之误。而且，周继殷商设“卜”官，曾有“箕子之说”记载于《史记·宋微子世家》：武王既克殷，访问箕子。……箕子对曰：“……稽疑：择建立卜筮人。……”

“箕子”，名胥余，为纣王诸父，官太师。封于箕（今山西太谷东北）。曾劝谏纣王，纣王不听，把他囚禁。周武王灭商后被释放。

因而，《史记·周本纪》亦有“卜”之记载：“武王病。

天下未集，群公惧，穆卜……”其《注释》指，这里的“穆卜”是指卜武王的下一代。

并且，笔者认为，理应殷商时的“巫祝”后裔，到了周初封建姓氏林立之时才有机会“以官为氏”；卜姓氏族则立，奉祀“巫祝”为始祖，也许更合情合理些。

顾

原文：“顾”羽音。武陵郡。夏有顾国。后以为氏，吴有顾雍，晋有顾恺之。

考释：古时武陵郡，在今湖南省长沙西北一带。

据史载，在夏建立奴隶制国家的时候，商也建立了强大的部落联盟，并在向奴隶制过渡。商族是居住在黄河下游的一个历史悠久的部落，为东夷的一支（见《中国通史》)。

《史记·殷本纪》记载：有娀氏之女名简狄，吞玄鸟之卵，而生契。《诗·商颂、玄鸟》曰：“天命玄鸟，降而生商”。当然，这都是“史前史”口耳相传的神话。与后世、也包括司马迁的《史记》的记载一致。

由于简狄时，大约尚处于原始母系氏族制时期，所以她是商族的始祖母。至契时，已过渡到父系氏族制时期，故此契是商族的始祖。尽管是传说，但也正反映了这一过渡时期的状况。

“夏有顾国”，其实，称“国”却是后世人为之作。史称“夏朝”或“夏代”，也其实是指“夏后启”（即禹之

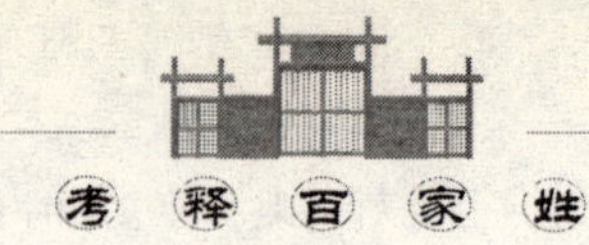

子）破坏了古代（也即指“三王五帝”时）的“禅让”制度，成为部落联盟首领后的时代，已经从原始氏族公社社会走向奴隶制社会了。

而且，有人称“夏代”有“国”，其实，这些所谓的“国”还是一个部落或是一个部族群体而已。

直至商代（或称“商朝”），有人称“在商的四周，分布着许多小国，有的则穿插于商国境之内”云云，其实，商称它们为方或邦方。在武丁时期有御方、井方、危方、马方等三十几个方。在商西北方向的有土方、呈方、鬼方、羌方，在商之南方有人方、虎方。卜辞和铜器铭文中都有不少“征人方”或“王来征人方”的史料。（均见《中国通史》）

所以，有人称（甚至史记载）“顾”为“夏在东方的同盟国”，实际上应为“邦方”。

在此，笔者意在让读者心中明白也便点到即止了。

有关“顾”，《中国通史》有记载：汤又灭掉了夏在东方的三个同盟国——韦（今河南滑县）、顾（今山东野鄄城）、昆吾（今河南濮阳）。汤控制了东部地区，使夏桀孤立无援，灭夏战争进入决战阶段。

“原文”谓“后以为氏”。笔者认为，到了封邦建国时，即周初大分封后，在“以国为氏”、“以邑为氏”等已成习俗的环境中，“夏”之“顾”——邦方之主（也可称一方之主、奴隶主）的后裔，必不忘祖宗，以顾（地方、甚至后称“国”）为氏也不足为奇，总算在情理之中。

孟

原文：“孟”羽音。平陆郡。系出姬姓。鲁桓公子庆父，世为卿，号孟孙氏，孟子其裔也。汉有孟敏、孟尝。

考释：古时平陆郡，与东海郡邻，在山东东阿、郓城以东一带。

“鲁桓公子庆父”，按《史记·鲁周公世家》所云：“庄公有三弟，长曰庆父，次曰叔牙，次曰季友。”那么，说明，鲁桓公有四子，“庆父”为次，亦称庶子。

据《史记·齐太公世家》的《注释》道：“庆父”，即仲庆父、共仲，亦称孟氏。皆因庆父食邑于孟（即今河南省孟州），其后以邑为氏，也称“庆父后为孟氏也。”（见《史记·鲁周公世家》）

而“庆父后”则为“孟孙氏”，春秋后期掌握鲁国政权的三家贵族之一。正如《史记·鲁周公世家》有云：“鲁由此公室卑，三桓强。”

《注释》有道：“三桓”，孟孙氏、叔孙氏、季孙氏。因其始祖同是桓公之子，故合称“三桓”。这，即指“孟孙氏”系“庆父”之后。

不过，既然“庆父后为孟氏也”，也就是“其后以邑为氏”，孟氏而立乃至孟姓氏族之形成，其始祖应以“孟孙氏”而非“庆父”。

因为，“三桓强”时，已是鲁宣公在位时，从“庆父竟

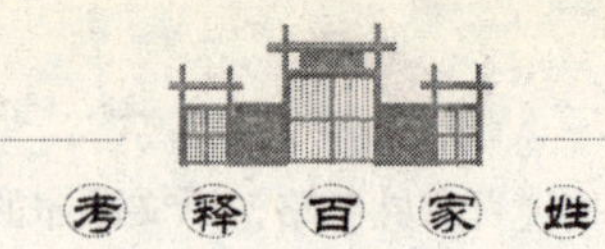

立庄公子开，是为滑公”，又经过鲁釐公、鲁文公，才到鲁宣公的，已相距47年之久矣。

所以，“原文”谓“鲁桓公子庆父”又“号孟孙氏”甚为之不当。

平

原文：“平”商音。河内郡。韩哀侯少子婼，食采于平，后以邑为氏，汉有丞相平当。○婼，音绰。

考释：古时河内郡，在今河南武陟西南、怀县一带。

《史记·韩世家》云：“十年，文侯卒，子哀侯立。”

然而，《索隐》云：“《纪年》无文侯，《系本》无列侯。”

《注释》便道：本书（即《史记·韩世家》）列侯与文侯即《系本》之武侯。哀侯应是武侯之子。

《史记·韩世家》又云：“哀侯元年，与赵、魏分晋国。二年，灭郑，因徙都郑。”这，即是说，韩哀侯之前，韩都本来是平阳，中间徙都阳翟（在今河南禹县）。韩哀侯灭郑后，徙都郑之新郑（今河南省新郑）。

韩哀侯之后，“而子懿侯立”，《六国年表》则作“庄侯”。

“原文”谓“韩哀侯少子婼，食采于平”，“平”即韩的故都“平阳”，在今山西临汾市。

那么，婼的子孙，以邑为氏，平姓氏族则立也可谓顺其自然的事情。

黄

原文：“黄”商音。江夏郡。颛顼帝曾孙陆终之后，封于黄，子孙以国为氏。楚有春申君黄歇，汉有丞相黄霸，孝子黄香。

考释：古时江夏郡，在今湖北省武汉之西南、江夏一带。

所谓“颛顼帝曾孙陆终”，《史记·楚世家》则是这样详述的：“楚之先祖出自帝颛顼高阳。高阳者，黄帝之孙，昌意之子也。高阳生称，称生卷章，卷章生重黎。……帝喾使重黎……，其弟吴回……吴回生陆终。”

而所谓“陆终之后”，《史记·楚世家》也仔细道：“陆终生子六人，坼剖而产焉。其长一曰昆吾；二曰参胡；三曰彭祖；四曰会人；五曰曹姓；六曰季连，芈姓，楚其后也。”

而且，其《注释》加以考释：以上所述与《世本》、(本篇《集解》、《索隐》、《水经·洧水注》、《获水注》引)、《大戴礼记·帝系》略同。所谓陆终六子是属于陆终氏的六个氏族，姓氏各不相同。

笔者鉴于“季连，芈姓，楚其后也。昆吾氏……（夏）桀之时汤灭之。彭祖氏……殷之末世灭彭祖氏”（见《史记·楚世家》），分析“陆终之后，封于黄”的，则可排除所谓“昆吾氏”和“彭祖氏”和“季连”的后裔了。

又因《注释》再有介绍，道：“参胡”，斟姓国名，封地不详，春秋时已绝祀之后。那么，“封于黄”是否“参胡”的后裔也可以排除之。

再按“会人”的后裔，名莱言。（见《注释》），周初封于“郐”，在今河南省密县东北，西周末为郑所灭；而相距不远的“黄”国亦为周初所封，在今河南省潢川西，“黄”与“潢”古音通，其地名则取“黄”又为国之称。

故此，“封于黄”很有可能是“会人”的另一支，也可称会人的支族。这样，“子孙以国为氏”的理据也许会充实些。

和

原文：“和”商音。汝南郡。尧臣和仲后，以官为氏。北齐有和士开，五代有和凝。

考释：古时汝南郡，在今河南省驻马店、汝南一带。

“尧”，即指“帝尧”。《史记·五帝本纪》之《释文》道：“颛顼死后，（他的兄长）玄嚣的孙子高辛继承帝位，这就是帝喾。帝喾娶陈锋氏的女子，生放勋……帝尧就是放勋。他的仁德像天（那样浩大无边），他的智慧像神（那样灵巧正确）。人们追随他如同追随太阳那样，人们期待他如同渴望祥云那样。他富有而不骄纵，显贵而不傲慢。他头戴黄色的冠冕，身穿黑色的土服，乘坐红色的车子，驾着白色

的马。他能发扬光大高尚的德操，把各部落团结得亲密无间……于是命令羲氏、和氏，恭敬地顺应上天。依据日月星辰的行迹制定历法，把时令谨慎地传授给各地百姓。……又命令和仲住在叫昧谷的西方，恭敬地送别太阳离去，审慎地预报收获的日子。”

上述是译者依书直说，而汉代司马迁则根据史前史的口耳相传的神话故事，以及前人的有关记载而又选择性地写作《史记》诸篇的，也难免有误有讹传之。

正如《注释》有道：“羲、和”，隋、唐以前注疏家释为羲氏、和氏两家，为重黎之后。其实，重黎是楚民族古神话的宗神，与羲、和不相干。原始的羲、和在《山海经》神话中是上帝的妻子，生太阳的女神，到《楚辞》中演化为太阳的驾车者，到《吕氏春秋·勿躬》等篇中，她和另一生月亮的女神常仪演化为黄帝手下司日、司月的两位男性官员。到《尧典》中羲、和演化成了天文官四人（羲仲、羲叔、和仲、和叔，此为今文家说）。到本书（即史记）《夏本纪》所录《胤征序》中又变夏仲康手下天文历法官员一人。

然而，神话传说，终归还是口耳相传而已。正如本书前文早已阐明，在原始时代，称“帝”、“臣”是不符合当时社会状况的。所以，“原文”谓“尧臣和仲”是错误的。

至于“以官为氏”，按“有关‘羲、和’的传说皆与日月历法相关，这是我国原始农业兴起的必然反映。农业生产离开对四时变化规律的认识是无法进行的，而掌握四时变化的规律，又须通过对日月运行的严密观测来推算。这一精微细致的工作没有专人负责是做不成的。伴随原始农业的兴起，原始的天文学必然产生，而专门司理此职的天文官也随之而置。这就是有关羲、和传说的历史背景。在相当长的时期里，羲和一词成了天文历法官员的代称。”（见《注释》）的这样见解，是可以说得过去的。

不过问题还在于，“和仲后”，其“后”又指在何时何代呢？

因《注释》曾道：“羲仲”掌管东方之官，亦作春官。“和仲”，掌管西方之官亦称秋官。

“春官”、“秋官”则始见于周代。《中国通史·官制》有记载：《周代·天官》则认为周代的“六卿”分别是天、地、春、夏、秋、冬“六官”。

其中“春官”即是“宗伯”，亦称“太宗伯”——“掌管国家的祭祀、占卜、丧葬的礼仪和文化教育的宗室事务。”“秋官”即是“司寇”主要职责是掌管刑法，解释国家法典和“明德慎刑”。

由此而知，和仲的后裔，在周初盛行“以官为氏”之时，也必然不失时机地奉祀和仲为始祖，又以官为氏，和姓氏族便形成也自然而然了。

穆

原文：“穆”羽音。河南郡。系出子姓。宋穆公支孙，以谥为氏。汉有穆生。

考释：古时河南郡，在今河南洛阳以南一带。

《史记·宋微子世家》其《译文》说：（宋）宣公太子名叫与夷。十九年，宣公病危，要把君位让给他的弟弟和，说："父亲死了，儿子继承君位；哥哥死了，轮到弟弟继位，这是天下普遍适用的道义与法则。我要立和为国君。"和多次谦让不成，就接受了，宣公逝世后，弟弟和登基，他就是穆公。

穆公九年，病危，叫了大司马孔父前来，对他说："先君宣公放弃太子与夷而把君位让给我，我不敢忘记。我死以后，必定要立与夷为君。"孔父说："百官都愿意立公子冯。"穆公说："不要立冯，我不可辜负宣公。"于是穆公让公子冯到郑国去居住。

故此，所谓"宋穆公支孙"是指宋穆公的支子（即公子冯的弟弟）之孙，他们在宋穆公死后"支子不祭"则以谥为氏。这也说明"穆公"为谥号，穆姓氏族奉祀穆公为始祖。

萧

原文："萧"角音。兰陵郡。系出子姓。微子支孙封于萧。为宋附庸，子孙以国为氏，汉有丞相萧何，裔孙道成为南齐高帝，传七世；道成族孙衍，受齐禅，为梁武帝，传四世。

考释：古时兰陵郡，在今江苏省徐州偏北地区，安徽省萧县一带。

“微子作为商朝的后裔受封于宋国。宋国周围还封了杞，陈、蔡等小国家。这些国家都靠近徐夷、淮夷，是周朝东南的屏障。”（见《中国通史·周初大分封》）然而，“《春秋公羊传》批评宋国的祸乱是从宣公废黜太子而立弟弟为君开始的，使国家不得安宁达十代之久。”（见《史记·宋微子世家》之《译文》）

“原文”谓之“微子支孙封于萧”也正处于“宋国的祸乱”中。

“十一年秋天，（宋）湣公和南宫万（宋国卿）去打猎，作博戏，因争道，湣公发怒，侮辱南宫万……南宫万有力，对这句话很反感，于是用棋盘打死湣公于蒙泽（今河南省商丘市东北）……南宫万于是杀掉太宰华督，改立公子游为国君。几个公子逃奔萧邑，公子御说逃奔亳邑。南宫万的弟弟南宫牛率兵围攻亳邑。冬天，在萧邑和宋都的公子们共同攻打杀死南宫牛，杀死宋国新君游而拥立湣公的弟弟御说，他就是（宋）恒公。”（见《史记·宋微子世家》之《译文》）

“萧”，在《史记·宋微子世家》记载只为“萧邑”，其《注释》也只介绍道：“萧”宋邑名，故城在今安徽省萧县西北。

不过，据唐代林宝《元和姓慕》却道：萧氏源于子姓。春秋时，宋国将领（应为“卿”）南宫万造反，杀宋王，另立宋君。萧邑大夫大心，帮助从宋国（应为“都”）逃出来的王族公孙子平定了叛乱，立下大功。新君宋恒（应为“恒公”）将萧地立为宋的附居国，封给大心，建立萧国。后来萧国被楚国所灭，子孙们为纪念故国，以萧为姓。

由此可见，“原文”又谓之“为宋附庸，子孙以国为氏”，是以上述为依据的。

其实，前文已有介绍，诸侯称“国”，卿称“家”；而且，“附庸”只附属于诸侯，是不能与诸侯平起平坐而称“国”的。

所以，“萧”实应“以邑为氏”，萧姓氏族的始祖是萧邑大夫大心。

尹

原文：“尹”徵音。天水郡。系出少昊裔孙尹寿，为帝尧师。周有尹吉甫，老子弟子尹喜，汉有尹赏。

考释：古时天水郡，在今甘肃省兰州以东，天水及陕西省宝鸡以西一带。

笔者认为，“系出少昊裔孙尹寿”姑且勿论出自何处；但，“为帝尧师”之说，肯定是因讹传而误解了。读到了本篇，相信读者已明白冠以“尧”为“帝”称呼的个衷情由了；而所谓“帝尧”时，也是属于中国古代原始时代，亦即是“所有成员一律平等，共同劳动，共同消费，没有阶级对立，所谓‘无制令民从’、‘不施赏罚民而不为非’”时代，根本不存在有“为帝尧师”的状况。

《史记·周本纪》的《译文》有记载，“武王以殷的遗民封商纣之子禄父。武王因天下初定，尚未和睦，所以派他的弟弟管叔鲜、蔡叔辅佐禄父治理殷国。然后……命南宫括、史佚搬走殷人的九鼎和宝玉。”“尹佚朗读竹简上的祭文说……”。

其“史佚”，是周文王至周武王初的“太史”（官称）——“辛甲大夫”之后。“辛甲大夫”的家族以官为氏后，辛甲大夫的支族，或可称“庶弟”家族之人，继“辛甲大夫”而任周武王的“太史”便是史姓名佚者了。（见本书“史”姓氏篇）

后来，史佚又为尹佚。正如《史记·周本纪》的《注释》道，“尹佚”即史佚，食采于尹（在周王畿内），以尹（邑）为氏，与太公，周公、召公被后人称为“四圣”（见《大戴礼记·保傅》，是周初（周武王）重臣之一。

姚

原文：“姚”商音。吴兴郡。系出有虞氏。瞽瞍生舜于姚墟，故姓姚氏。帝尧降二女于舜，赐姓妫氏；禹封商均与虞城；武王封虞舜之后，胡公满为陈国：皆以国为氏。又胡公支子姓胡氏；陈敬仲奔齐，子孙姓田氏；田齐失国，居元城，有姓王氏：凡七姓，皆舜之后。

考释：古时吴兴郡，在今浙江省杭州市北、溪口一带。

“系出有虞氏”，但《国语·鲁语》说舜是有虞氏的宗神。《尚书·尧典》遂称他为“虞舜”。大抵舜是东方鸟夷集团中商族的远祖，而鸟夷中的有虞部族亦特奉他为宗神，历史化的结果，遂为有虞部落的首领，即是以有虞氏一位杰

出的首领的宗神的化身出现。有虞氏之地在今河南东部邻接山东的虞城附近，与《墨子》、《孟子》、《韩非子》等称舜的活动地区历山、雷泽、泰丘、负夏等今山东西境诸地相近，与尧族相邻。两族结成部落联盟。尧、舜两人相继成为联盟首领。在故事流传中经过儒、墨两家的加工，尧、舜遂成了禅让的“圣王”。

“虞舜”，在《天问》神话中是商族的始祖神，与商代甲骨卜辞中商祖夒相当。古今学者多考定“俊”即“舜”。不过，俊始终在神话中，舜则活跃在历史文献中。《国语·鲁语》中舜仍为商始祖神，与神话合。

至于“生舜于姚墟”，《孟子·离娄下》中，说：“舜生于诸冯（传说在今山东菏泽），迁于负夏（又作负瑕，今山东曲阜西），卒于鸣条，东夷之人也。”又引周处《风土记》云“舜，东夷之人，生姚丘（又称姚墟）”，《括地志》说：“姚墟在濮州雷泽县东十三里。”《楚辞·天问》、《左传》还说舜姓姚。所以，“原文”又谓“故姓姚氏”。

而“赐姓为氏”则与相传有异：相传舜住在虞地，位妫水旁，舜的后代因而妫姚。而虞地在今河南东部虞城一带，作为舜的后代妫满（即胡公满）所封陈国，在虞城西南，则妫水亦当在今河南东部。（以上均据《史记·五帝本纪》之《注释》所引）

并且，上述所引，又是所谓的“后世”——即多为春秋战国时人根据史前史的口耳传说而又神化地改编而成的，本无绝对。到了汉代，司马迁根据这些“本无绝对”的史料及记载。又“用后世国家的礼制附会为尧舜时事”，就必然导致后人的错觉和误解了。

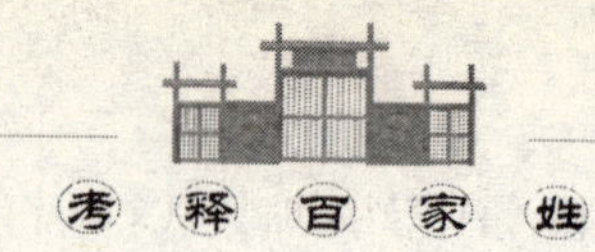

“原文”谓之“生舜于姚墟，故姓姚氏”，“帝尧……赐姓姚氏”，就是明显的例子之一。

笔者认为，当“武王追思先圣王，乃褒封神农之后……黄帝之后……帝舜之后……大禹之后”，又“以国为氏”、“以邑为氏”等大行其道之时，帝舜支子后裔，因“支子不祭”便以邑（姚墟）为氏，才是当然所在。

邵

原文：“邵”高音。博陵郡。系出姬姓。召康公封于燕，其次子世为畿内诸侯，作王卿士，号曰召公，因为召氏。后世子孙，增邑为邵氏。秦有邵平，汉有召信臣，同出一祖。

考释：古时博陵郡，在今河北省安国、深泽、安平、饶阳等一带。

“召康公”《史记·燕召公世家》的《注释》有道：“召公奭”，燕国始封君，名奭，原食邑于召（陕西岐山西南）故又称召公、召伯，助武王灭商，封于燕，都蓟（今北京西南）。成王时任太保，与周公分陕而治，死谥康公。

《尚书·周官》曰“立太师、太傅、太保，兹惟三公，论道经邦，燮理阴阳”。《尚书·顾命》则明言“太保奭”。《君奭》亦称“保奭”，现存西周初年保卣等青铜器铭中之“保”即“保奭”。

然而，“原文”谓“其次子世为畿内诸侯”，却是十分

错误的。因为，当时为“燕侯”即诸侯者，是召康公的长子而不是“其次子”。正如《注释》道：“召公爽”……封于燕（长子就封，次子留用周王家，世为召公）……

所以，“原文”应改写为：其次子世作王卿士，号曰召公。

“召”为邑名，“公”为爵号。在春秋（即东周）时，仍沿用之爵号分五等：公、侯、伯、子、男。

另外，“原文”谓“后世子孙，增邑为邵氏”，完全是一手败笔。因为，纯属“以邑为氏”的话，召姓氏族当然而立。但，在春秋时兴之“诸侯称国，卿大夫称家”的情况下，“其次子世作王卿士，号曰召公”不是“增邑”，而是当然有“家”即家族，也有采邑，故此“召”也作“邵”。而且，“邵”更有家族、采邑的意思。这也即其亦称“邵氏”、邵姓氏族了，又何须“后世”、“增邑”而画蛇添足呢？

湛

原文：“湛”商音。豫章郡。系出姒姓。夏同姓诸侯斟灌氏，其后子孙去斗去灌，合二字为湛氏。汉有湛重，明有湛若水。

考释：古时豫章郡，在今江西省南昌地区一带。

《中国通史·夏朝的国家组织》介绍道：夏君（启）为首的奴隶主贵族，为了维护他们的利益，建立了奴隶制国

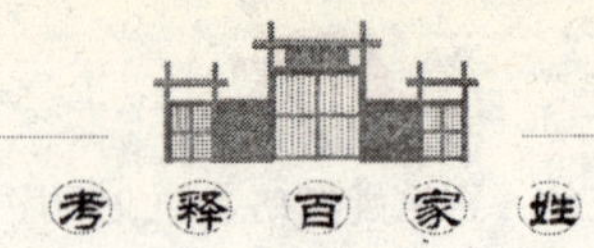

家。古代文献中记载了一些有关夏朝国家组织的情况。主亦称天子，夏王是国家的最高统治者。国家机构中设置许多官职，“夏后氏百官”、“百官均为大小贵族”，夏朝对其居民的统治已打破了氏族组织和与之相适应的血缘关系，而“按地区来划分它的国民。夏把天下分为九州置九牧管理。‘牧’是地方长官，表明夏已有一套行政管理机构了。”

因此，“原文”谓“夏同姓诸侯”是一种误解，充其量只不过是同姓部族奴隶主或称“派侯”，而不是后世分封才出现的诸侯。

“其后子孙去斗去藿，合二字为湛氏”之说，更令人难以置信。

笔者在前文“窦”姓氏篇中，曾谈及“少康中兴”的过程。少康之后，其子杼继位，又有“夏杼东征”载入史册。

《中国通史·夏杼东征》道：少康死，其子杼继位为夏王，杼在即位以前，曾经历过长期的政治斗争的风浪。幼年时，随少康流亡在外，长大后，协助少康进行消灭有穷氏的斗争。杼继位以后，继承少康的遗志，积极准备征伐东夷。相传杼为了战争的需要发明了矛和甲，甲是皮甲，用兽皮制成，如犀皮甲之类。因为东夷人善射，有了皮甲就能防身。杼为了扩大夏王朝的统治范围，即位不久就将王都由斟郡（即太康所居之地、今河南巩县）迁到黄河北岸的原（今河南济源市西北）。当其完成征伐东夷的准备以后，为了战争的需要，又迁都于老丘（今河南开封县陈留镇北），然后出兵征伐东夷……史籍中曾称赞杼是“能帅禹者也，夏后氏极焉。”“极”是祭祀的名称，有功劳的祖先才用“极”祭。

杼在巩固夏王朝的统治方面，有一定功绩，故而受到后世的尊重。

到了“武王追思先圣王，乃褒封……大禹之后”、又“以邑为氏”盛行之时，夏杼的后裔同样也会追思故都——斟郡。“斟郡”可简称“斟”，“斟”与“湛”古音近，“湛”且可避之嫌疑思故而谋反，故取之；那么，湛姓氏形成就顺其自然了。

汪

原文：“汪”商音。平阳郡。汪芒氏之后。又鲁桓公庶子满食采于汪，因邑为氏。鲁有汪锜；唐有汪华，封越公，世居于歙。

考释：古时平阳郡，在今山西省侯马以北、霍县以南的汾河流域地区一带。

《史记·鲁周公世家》其《译文》说，三年（鲁桓公三年，即公元前709年），桓公派公子挥到齐国去迎娶齐女为夫人。六年（即公元前706年），夫人生了儿子，与桓公生日同在一天，所以取名为同。同长大后，被立为太子……桓公死……鲁人拥立太子同为君，这就是庄公……庄公有三个弟弟，长弟叫庆父，次弟叫叔牙，三弟叫季友。

由此可见，鲁桓公之齐夫人生有四子。

“庶子”，指妾所生之子。不过，“原文”谓“食采”却甚为不妥。因为，要么就称“采邑”，不然就称“食地”；

言“食采”就模棱两可了。前文就此均未加以纠正，现故重点而已。

《中国通史》写道：诸侯国内也实行分封，诸侯将土地分给卿大夫，封地称为“采邑”。卿大夫再分封给士，封地称“食地”。

“汪”，见《史记·郑世家》其《注释》道：今陕西澄城西南。

“以邑为氏”，即指汪姓氏族形成之，“满”为始祖。

祁

原文：“祁”徵音。太原郡。帝尧伊祁之后。晋有祁弥明、祁奚。

考释：古时太原郡，在今山西省太原以及西南、晋阳一带。

笔者认为，“原文”谓“帝尧伊祁之后”，可能是讹传而导致误解。

因为，“帝尧伊祁”无考，其“之后”就更莫名其妙了。

其实，“祁氏”系晋献侯后裔，以邑为氏，是晋公族。(见《史记·晋世家》的《注释》)

《史记·晋世家》有记载道：“釐侯十四年，周宣王初立。十八年，釐侯卒，子献侯籍立。”《注释》言之：“献侯籍”，“籍”一作“苏”，公元前822年至公元前812年在位。

当“献侯十一年卒，子穆侯费王立”后，晋献侯的支子（即穆侯费王之弟）采邑于祁（今山西省祁县），继而以邑为氏也是必然所致。

后来，祁氏的势力日益壮大，其地盘也随之扩大。按《左传》昭公二十八年介绍，所谓“祁氏之邑”分为：邬、祁、平陵、涂水、马首、盂、铜鞮、平阳、杨氏（见《注释》），就可略知一二了。

“祁氏”是“晋公族”，“公族”前文曾述，是指国君同族。“国”限指诸侯国，“君”则是指“卿”或者“大夫”。本来，“同族”也同“姓”，即传说中所谓的“姓”——姬姓。

但是，由于分封制和宗法制的约束，晋献侯的支子，因“支子不祭”，只好以邑为氏。

毛

原文：“毛”羽音。西河郡。系出姬姓。文王子毛伯之后，世为周卿士，因国为氏。赵有毛公，汉有毛苌。

考释：古时西河郡，辖今陕西西北部、山西西北部及内蒙古准格尔旗、伊金霍洛旗等多个地区。

原文谓“文王子毛伯之后”是错误的。

因为，“毛伯”的确是周大夫；但，当时已是东周春秋时代周襄王郑在位之时了。

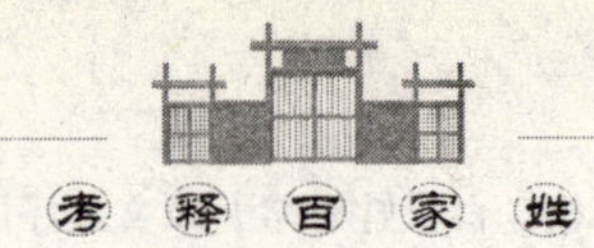

在《史记·周本纪》篇中有记载：

郑文公怨惠王之入不与厉公爵，又怨襄王之与卫滑，故囚伯服。王怒，将以翟伐郑。

“伯服”与“毛伯”同时均为周（卿）大夫。

又见《左传》僖公二十四年有述：秋、颓叔、桃子奉大叔以狄师伐周，大败周师，获周公忌父、原伯、毛伯、富辰。

故此，“毛伯”并非文王子，只是文王的后裔，也可以说是“毛叔郑”之后。

其实，周武王灭纣之后，举行大礼时，在《史记·周本纪》记述（摘要）：武王弟叔振铎奉陈常车，周公旦把大钺，毕公把小钺，以夹武王。既入，立于社南大卒之左，左右毕从。毛叔郑奉明水……

《注释》考证之：“毛叔郑”，文王庶子，武王弟，封于毛（在周王畿内）。“明水”，古人以阳燧（取火的铜镜）取火于日叫“明火”；以阴镜（取水的铜镜，又名“方诸”）取水于月叫“明水”。参见《周礼·秋官·司烜氏》。

因而，毛姓氏族是“以国为氏”成立于周初大分封、也即是周武王在位时，其始祖是文王庶子叔郑，后称“毛叔郑”，司马迁沿用之。

禹

原文：“禹”羽音。陇西郡。系出妘姓。云、梦之间有鄅国，为楚附庸，后去邑为氏。妘，音云。鄅，音禹。

考释：古时陇西郡，在今甘肃省陇西、武山一带。

“原文”谓“云、梦之间”，显然会令读者感到莫名其妙。

《史记·河渠书》有记载：“于楚，西方则通渠汉水、云梦之野，东方则通沟江淮之间。”

其《注释》道：“云梦”，即云梦泽，故址在今湖北潜山县以南长江、汉江一带。

因此，可见“云梦之间”纯属含糊其辞，又“有鄅国”更无考。且，“附庸”不是“国”。

笔者认为，禹姓氏族理应于“武王追思光圣王，乃褒封……大禹之后……”（见《史记·周本纪》）的时候，大禹的支族后裔也追思“大禹”而以祖（字）为氏的。

《楚辞·天问》、《尚书·洪范》、《国语·周语》、《墨子·兼爱》中、《孟子·滕文公》上下等，都有记载我国古代洪水传说及大禹治水的资料。

禹生于西羌（今甘肃、宁夏、内蒙西南部一带），迁至嵩山下（今河南登封），原为夏后氏部落领袖。

舜死后禹继位，后居都阳翟（今河南禹县）。

原“阳翟”，后改称“禹县”，也显然因禹姓氏族其发源地而称之，却并非所谓“后去邑为氏”的。

狄

原文：“狄”徵音。天水郡。系出姬姓。周康王封弟孝

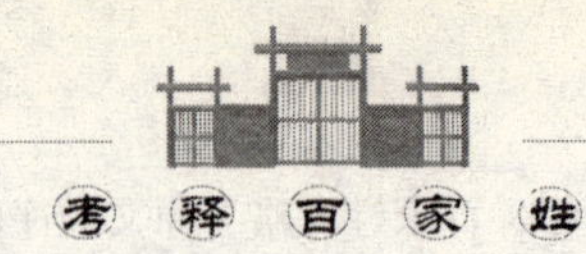

伯于狄城，其后以地为氏。唐有狄仁杰，宋有狄青。

考释： 古时天水郡，在今甘肃省兰州、天水及陕西宝鸡等地一带。

按《史记·周本纪》的《译文》所言：成王将死，害怕太子钊不能胜任，便命召公、毕公率诸侯，带太子钊谒见先王的宗庙，向他反复告诫文王、武王创立王的来之不易，让他一定要注意节俭，不要欲望太多，以笃厚诚实来治理天下，因而作《顾命》。太子钊因此即位，就是康王。康王即位遍告诸侯，反复宣传文王、武王的功业，因而作《康诰》。所以成、康两王时，天下安宁，刑罚弃置不用达四十多年。康王命作策毕公按等级划分居住范围，组成周的四郊，因而作《毕命》。

康王死，其子昭王瑕即位。昭王之时，王道略有缺损。昭王到南方巡狩未能回来，死在江上。死了也不告丧，是想掩饰。于是立昭王之子满即位，就是穆王……穆王将征大戎，祭公谋父劝谏说："不可以。先王显示给人的是德行，而不是武力……从前我们的先王世世代代为后稷之官，供职于虞、夏两代。待到夏朝衰亡时，废弃农官，不再劝民务农，我们的先王不窋因而失去官职，自己逃窜于戎狄之间。但，他不敢懈怠祖先的遗业，继承祖先的德行，遵循祖先的传统，整理祖先的教训和典法，早晚都敬慎勤勉，以教厚笃实自持，忠诚真实自奉……按照先王的制度，邦畿之内是"甸服"，邦畿之外是"侯服"，设侯、卫的地方叫"宾服"，蛮夷之地叫"要服"，戎翟之地叫"荒服"。居于甸服的要"祭"（祭祀），居于侯服的要"祀"（祭祀），居于荒

服宾服的要“享”（祭享），居于要服的要“贡”（进贡），居于荒服的要“王”（奉以为王）。“祭”是以日计，“祀”是以月计，“享”是以季节计，“贡”是以年计，“王”是以终身计……现在从犬戎氏二君大毕、伯士去世，犬戎氏能世守其职，前来奉事天子，而天子却说：我非要按“不享”的罪名加以征讨，而且还要向他们炫耀武力，这不是抛弃先王的教训，而使您处于危险境地吗……”

犬戎，即戎翟，也即是戎狄，“翟”古通“狄”；所以，戎翟，又作“戎狄”，指当时的少数民族（或部族）（参见《注释》），当时的“戎狄”居于“荒服”。

按以上五服亦见于《尚书·禹贡》，但略有不同。《尚书·禹贡》之五服为甸服、侯服、绥服、要服、荒服，各五百里。《周礼》又有九服说，指“荒服”，要服以外的一层叫“荒服”。

仅按上述史料，可见受周康王封于“狄”之人，是大毕，继而是伯士，而不是所谓“考伯”。

“其后以地为氏”的“狄”，应为“狄泉”，基本符合“各五百里”。

《春秋》昭公二十三年：“天王居于狄泉”。

《注释》也有介绍：狄泉即成周城（战国以后称洛阳）所在，（后来）敬王居之，在王城东，故当时称为东王。以上见《春秋》、《左传》昭公二十三年记载。

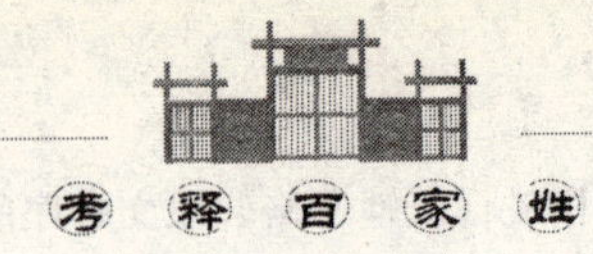

米

原文：“米”徵音。京兆郡。系出西域米国。汉有米楷，宋有米芾。芾，音费。

考释：古时京兆郡，在今陕西省西安以南、长安以北一带。

《中国历史·班超通西域》道：自汉武帝开通西域，汉宣帝设置西域都护以后，西域诸国都倾向汉王朝，使臣、侍子、客商往来不断，加深了联系和了解。

西汉末年，西域北部诸国为匈奴统治者所控制。公元74年，东汉政府派窦固、耿秉率大军打败北匈奴，在伊吾卢（今新疆哈密）置宜禾都尉屯田，重新设立了西域都护府和戊己校尉。窦固第一次出征时，因班超随军作战有功，遂命他出使西域。公元90年，东汉政府任命班超为西域都护，驻龟兹它乾城。公元94年，班超大发龟兹鄯善等八国兵击破焉耆。于是西域五十余国全部内属，班超以功封定远侯。

当时“米”国，就是西域诸国之一。

直至隋代，隋炀帝派裴矩至甘肃张掖，掌首互市。裴矩通过胡商，了解西域44国（米国也是其中之一）……裴矩对炀帝说：西域诸国，“引领翘首”愿意臣服隋朝。（亦见于《中国通史》）

其实，“米”，即米国，系西域地区的少数民族（或称部落）政权，先秦史称“昭武九姓”国之一，在今阿姆河、锡尔河流域一带。

所谓“昭武九姓”，系指周武王九支族。武王为“昭”，所以又称“昭武”。前文已述，这是按照西周昭穆制度，太王以下五王，王季为昭，文王为穆，武王为昭，成王为穆（见《史记·周本纪》的《注释》）而言。

因而，米姓氏族始于以国为氏，且在周初大分封后，“系出西域米国”之说，却不见得正确。

贝

原文：“贝”宫音。清河郡。系出姬氏。召康公支子，食采于巨野之涢水，后为郥国，子孙去邑为贝氏，汉有贝瑗。

考释：古时清河郡，在今河南省安阳以东地区一带。

召康公，即召公奭。《史记·燕召公世家》记载道：“与周同姓，姓姬氏。”这，也见司马迁将“姓”、“氏”混淆一谈一例。

所以，“原文”谓“系出姬氏”，显然是受司马迁的影响；应称“系出姬姓”才较为正确。

《注释》还详细介绍道：“召公奭”，燕国始封君，名奭，原食邑于召（陕西岐山西南），故又称召公、召伯，助武王灭商，封于燕（以长子就封，次子留周王室，世为召公），成王时任太保，与周公分陕而治，死谥康公。

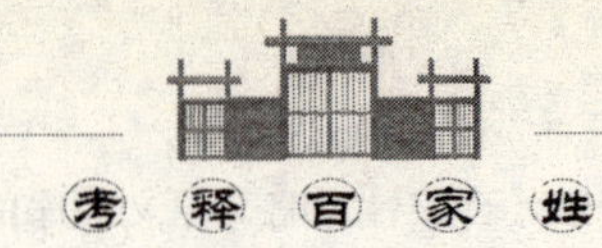

因此，“召康公支子（或称支族）食采于巨野”是有可能的，却无考。

因为，司马迁在《史记·燕召公世家》之所以言之“自召公以下九世至惠侯。”皆因，“这个时期的燕国历史在司马迁时已无流传，故而缺知”。（见《注释》）

“巨野”，在《史记·河渠书》的《注释》则道：即巨野泽，又称大野泽，在今山东巨野北，今已堙为平陆。

其《注释》又道：“济”一作“沇”，即济水，分上、下两段：上段源出今河南济源县西王屋山，故道东南流至武陟县南入黄河；下段故道自荥阳县北分黄河东出，至山东巨野县西南注入巨野泽，复自泽北出至东阿县西南旧东阿城西，由此折而东北，略循今黄河及小清河入海。

故此，“原文”谓“巨野之浿水”也无考。

因为，“贝”古通“正负”之“负”，“贝”地则为“负夏”，“负夏”与“中夏”、“诸夏”之“夏”同义，泛指华夏族所居黄河中下游一带。（见《注释》）

而“负夏”即今山东兖州北，又与山东巨野近，所以，“原文”指“浿水”，其实为“贝邑”即“负夏”。

“后为郥国”既无考，又与“子孙去邑为贝氏”相矛盾，也难以服众。

因而，以（贝）邑为氏，贝姓氏族则立；贝姓氏族奉祀召公为始祖也出自敬仰吧，完全可以理解。

明

原文：“明”宫音。吴兴郡。系出谯明氏。其后明由为燧人相。南齐有明僧绍，唐有明崇俨，元有明玉珍。

考释：古时吴兴郡，在今浙江省杭州市北、溪口一带。

在“史前史”的传说中，有“五氏”的传说，它又反映了远古居民最初的生产生活情况，也反映了我国原始社会从原始人群到母系氏族公社的历史情况。

“五氏”，即称“有巢氏”、“燧人氏”、“伏羲氏”、“女娲氏”和“神农氏”。

《中国通史·五氏的贡献》有道：最先出现的有巢氏……教民“构木为巢，以避群害”。

其次出现的是燧人氏，他把天上最大的一个秘密泄露给人类，那就是“火”。火无所不在，但没有人知道如何才能得到它。燧人氏教人从木头里把它钻出来。人类有了火，就跟其他的动物，永远分道扬镳。其他动物始终不会用火，而人类却因之改吃熟的东西，生活方式呈现时代的突破。这就是燧人氏“钻木取火”的故事。

所以，“原文”谓“系出谯明氏。其后明由为燧人相。”明显是错误，或是讹传所致。

“火”与“明”古通。传说古代有掌五行之官：“木正曰句芒，火正曰祝融，金正曰蓐收，水正曰玄冥，土正曰后土”。（见于《左传》昭公二十九年）

《国语·楚语》亦称“颛顼命南正重司天以属神，火正黎司地以属民”，只以黎为水正。

这也可证实春秋战国时人，将“五行说”套用在“史前史”之口耳传说编写之中了。

所以，司马迁在《史记·楚世家》写道：“重黎为帝喾高辛居大正，甚有功，能光融天下，帝喾命曰祝融。”，也是沿用之错误。

其实，上述“传说古代”并非指“史前史”，已是战国时期了，“五行说”是从战国后期才流行的。前文也已陈述，所谓“正”官，到夏朝才出现。但，司马迁却沿用战国之“五行说”并套入“史前史”神话传说中的人和事里，甚为不妥。

尽管如此，但，“融”即光明。又“火”古通“明”，“火正”且传说为“官”；那末，显然易见，明姓氏族肯定系“祝融八姓”外的支族后裔以官为氏，也可以肯定形成于周初百姓林立之时，他们即使以“燧人氏”为远祖而奉祀之，亦无可厚非。

臧

原文：“臧”商音。东海郡。系出姬姓。鲁孝公子驱食采于臧，其后僖伯、衰伯、文仲、武仲，世为鲁卿，汉有臧宫、臧洪。驱。口平声。

考释：古时东海郡，在今山东省临沂、河东一带。

《史记·鲁周公世家》的《译文》道：懿公九年，懿公的哥哥括的儿子伯御与鲁人联合攻杀懿公，而立伯御为鲁君，伯御即位十一年，周宣王攻打鲁国，杀死了鲁国君主伯御，而询问鲁国公子中能训导诸侯的人，作为鲁君的继承人。樊穆仲说："鲁懿公的弟弟称，恭敬鬼神，尊奉长老，办事执法，必问求遗训，咨询过去的经验；不违反所问求的，不违背所咨询的。"宣王说："好，这样就能训导治理他的百姓了。"于是在夷宫册立称为鲁君，这就是孝公。（因而）从此以后，诸侯大多违抗王命。

孝公二十五年，诸侯反叛周室，（不久）犬戎杀死周幽王。秦始列为诸侯。二十七年（公元前768年），孝公去世，其子弗湟继位，这就是惠公。

由此可见，"驱"实为鲁孝公支子（或称庶子），即惠公之弟。所以，"驱"能"食采于臧"也在所必然。

"臧"在山东泗水西南。"驱"的子孙因支子不祭只好以邑为氏，臧姓氏族相应而成。

《注释》有称"臧孙氏为鲁孝公之后"，实统称之。

计

原文："计"商音。京兆郡。系出姒姓。越大夫计倪、计然，越之公族也。

考释：古时京兆郡，在今陕西省西安以南、长安以北一带。

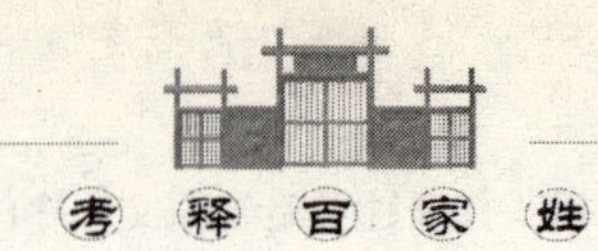

“越大夫计倪、计然，越之公族也。”这，岂不是表明计姓氏族早已成立了吗？所以，王相的考略十分欠妥，而且，有先入为主之嫌，不可取。

《史记·越王句践世家》的《译文》道：越王句践，他的祖先是禹的后代，是夏后帝少康的庶子，被封在会稽，以祭祀和守护禹的宗庙。他们身刺花纹，头剪短发，斩草辟荒，在那里建立了城邑。这以后传了二十多代，到允常。当允常在位的时候，与吴王阖庐因战争结下仇怨而互相征伐。允常死后，他的儿子句践即位，这就是越王。

元年（即公元前496年），吴王阖庐听到越王允常去世的消息，便起兵征伐越国。越王句践派敢死的武士前去挑（应）战，队伍排成三行，走到吴军阵地前，大叫一声就自杀了。正当吴军注意观看这一举动的时候，越军乘机袭击吴军。吴军在槜李这个地方被打败了，吴王阖庐也被箭射成重伤。阖庐临终的时候，告诫他的儿子夫差说：“一定不要忘记对越国的仇恨！”

读者可见，越王句践（又作勾践）兵不厌诈，颇有心计。之后，句践曾兵败被困在会稽山上，他又用计得以幸免，并且苦身励志，发奋图强，为之史载“卧薪尝胆”。

最后，句践又用反间计，使吴王让伍子胥自杀；继而杀掉了吴国太宰伯嚭，终灭吴，成就霸业。（参见《史记·越王句践世家》）句践的子孙均以“善用计谋”为荣。

句践去世后，他的儿子王鼫即位。句践的支子（亦称支族）因“支子不祭”，更因其发源地——“会稽”之意（《注释》道：相传夏禹至苗山大会诸侯，计功封爵，始名会稽，即会计之意）为氏，计姓氏族立之也顺其自然，寓意怀祖又歌颂父王，两全其美。

“会稽”，山名。在今浙江中部绍兴、嵊县、诸暨、东阳间，主峰在嵊县西北。

伏

原文：“伏”商音。太原郡。系出风姓。伏羲子孙，因号为氏。汉有伏胜、伏湛。

考释：古时太原郡，在今山西省太原以及西南一带，郡治晋阳。

“系出风姓”，指“太昊”系风姓之后。太昊氏，一说伏羲氏，前文“五氏”中相传第三位出现的神祇。

《中国通史·五氏的贡献》介绍（凡括号内文，皆笔者加注或疑问）道：伏羲氏是第三位（“史前史”传说中）出现的神祇，他似乎比他前面的两位老前辈（即有巢氏和燧人氏）还要法力无边。他教人如何用火烹饪，从此人们享受到香喷喷的饮食，这是（饮食）艺术的萌芽。他又进一步的制作八卦，八卦是中国最早的计数文字，后来被星象家用来占卜。又设立官（?）员，管理（?）人民。官员身上都画着一条龙，表示他们的高贵身分（?）。又发明乐器，又教导男女固定（?）他们的配偶。又制定夫妇制度（?），必须经过结婚仪式，才可以生孩子，以使下一代得到父母很好的教养。又制造渔网，教导水滨的居民们捕鱼。又教导人们挖掘陷阱，捕捉活的动物，训练它们成为家畜。又教导人

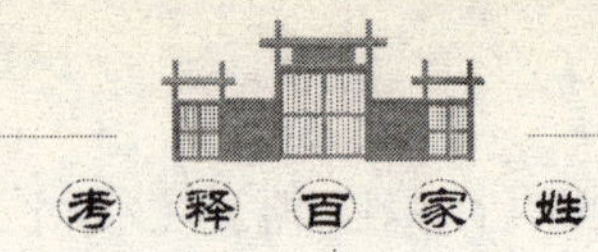

们种植桑树蚕，抽丝纺织（?）。

笔者为什么要在上述原文中加括号注文或提问呢？一、因《大戴礼记·帝系篇》及《汉书·古今人表》中，均分别指“黄帝娶于西陵氏之女谓之累祖”、“累祖，黄帝妃”，累祖即嫘祖，传说为蚕桑丝织的发明者。二、《中国通史·五氏的贡献》介绍上文后，还有下文：五氏时期，中国正处于“民知其母，不知其父”，所有成员一律平等，共同劳动，共同消费，没有阶级对立，所谓“无制令而民从”，“不施赏罚而民不为非”的时代。上述传说，反映了我国原始社会从原始人群到母系氏族公社的历史情况。

然而，上述的上下文却分明存有矛盾了。

“伏羲子孙，因号为氏”，其实，应在“武王追思先圣王，乃褒封……”之时，伏姓氏族之形成也为大势所趋、顺应潮流，他们追思“太昊”并奉祀为始祖亦不过不失，情有可原。

据《世经》中所述，历史上第一个帝王是太昊伏羲氏，代表渔猎经济时代。又称“传说中远古部落首领”。“少昊”，则“继太皞（即太昊）而立。生于穷桑（今山东曲阜北），居于奄（今山东曲阜）。”

成

原文：“成”商音。上谷郡。系出姬姓。文王子郕叔武之后，去邑为成氏。齐有成覸。○郕，音成。

考释：古时上谷郡，在今河北省石家庄偏东北，定兴偏南地区一带。

司马迁在《史记·管蔡世家》记载道：

> 武王同母兄弟十人。母曰太姒，文王正妃也。其长子曰伯邑考，次曰武王发……次曰成叔武，次曰……。

“成叔武”，则为文王第七子。

其《注释》有详述：“成叔武”，周文王子、武王弟，武王灭殷后封于成。“成”又作“郕”、“盛”，古谓东汉郕阳县为古郕伯国，地在今山东省范县境。

所以，“原文”谓“文王子郕叔武之后，去（应以）邑为成氏”无误，且有根据。

戴

原文：“戴”徵音。谯郡，系出子姓。宋戴公支孙，以谥为氏。宋有戴盈之、戴不胜，汉有戴德、戴圣。

考释：古时谯郡，在今河南省商丘一带。

据《中国历史年代简表》记载：公元前799壬寅，宋戴公立元年至公元前765丙子卒。

《史记·宋微子世家》亦有记载：

> 三十四年（即公元前765丙子），戴公卒，子武公

司空立。

由此可见，宋戴公支子（而并非支孙），以谥为氏。戴氏（也即称戴姓氏族）则理所当然为宋室贵族，享有采邑（或食地），时为春秋。

其后宋君权衰弱贵族大臣掌握国政。到战国中期，辟公（宋桓侯）被戴氏家族的司城子罕（剔成肝）所取代，即所谓“戴氏夺子氏于宋”。所建的宋国成立仅次于七雄的二等强国。（见《注释》）

司马迁在《史记·宋微子世家》都简而言之：“辟公三年（即公元前369壬子）卒，子剔成立。”而称“子”则是错误的。

“宋”，在今河南商丘县南一带地区，亦是戴姓氏族的发祥地。

过去，曾有人将“新建的宋国”误认为“戴国”，又说“出自姬姓，以国为氏”，那更是讹传。

《中国历史年代简表》记载的：公元前369壬子，宋剔成，元年。

“宋剔成”，就是上述戴姓氏族的“剔成肝”，国号还是“宋”。

谈

原文：“谈”徵音。广平郡。系出籍氏。周大夫籍谈之后，避项籍讳，为谈氏。

考释：古时广平郡，在今山东省邢台以东一带。

修“籍”由周代始，由周王和诸侯举行的春耕仪式叫籍礼。举行籍礼而设置的田叫籍田，周王（亦称天子）的籍田为千亩。

故此，司马迁在《史记·周本纪》有记载：“宣王不修籍于千亩，虢文公谏曰不可，王弗听。”

“籍谈”，原先系周之掌管籍礼的卿大夫，原由“诸侯赐卿大夫为氏”则为“籍氏”，籍姓氏族便立，“谈”则为“籍谈”了。所以，“原文”谓“系出籍氏”。

而“周大夫籍谈之后，避项籍讳”时，则已是秦朝（公元前221至公元前207年）间的“项羽已杀卿子冠军，威震楚国，名闻诸侯”为又“项王”的时候了。（均见《史记·项羽本纪》）

“项羽”，即是“项籍”。司马迁在《史记·项羽本纪》记载道：“项籍者，下相人也，字羽。”

所以，“项王”时，“籍谈之后”的籍姓氏族，因“避项籍讳”迅速改为以祖安为氏，便成为谈姓氏族了。这样，既迫而无奈，也是明智之举；既可避讳化险，也可以继而念祖奉祀，在过去的封建社会中亦为司空见惯、不足为奇的事情。

宋

原文：“宋”宫音。京兆郡。系出子姓。周武王封纣庶兄微子启于宋，后世子孙，以国为氏。楚有宋玉，宋义。汉有宋昌。

考释：古时京兆郡，在今陕西省西安以南，长安以北一带。

《史记·宋微子世家》的《注释》介绍（凡加括号，内文为笔者加注）说，“微”，（商）殷京都地区（即所谓“王畿内”）的封国名。“子”爵号。“开”微子本名启，（司马迁写《史记》时）为避讳汉景帝刘启，改“启”为“开”。“庶兄”，微子的母亲生微子时还是妾，及生纣时已经是正妃，所以微子为纣的同母庶兄，“庶”，旁支，跟“嫡”相对。

故此，司马迁写道：“微子开者，殷帝乙之首子而帝纣之庶兄也。”其实，前文曾阐明，当时不称“帝”而称“后”；“帝”却是后来战国人著称。

“原文”谓“周武王封纣庶兄微子启于宋”，也是误称。应该是“成王”。正如《史记·宋微子世家》记载道：

> 周公既承成王命诛武庚，杀管叔，放蔡叔，乃命微子开代殷后，奉其先祀，作《微子之命》以申之，国于宋。

“后世子孙”之说也错。因“微子启于宋”时，诸侯分封制及宗法制、“以国之氏”已大行其道了，微子启的家庭以国为氏本是自然而然的事情，又何须等到“后世子孙”呢？显然，“原文”的所谓言之也不合情理。

茅

原文：“茅”，商音。东海郡。系出姬姓。周公支子封于茅，其后以国为氏。秦有茅焦。

考释：古时东海郡，在今山东省临沂、河东一带。“原文”谓“其后以国为氏”，可以肯定是错误的。

因为，周公的长子（亦称嫡子）——“伯禽”，亦称禽父，系“（周公）使其子伯禽代就封于鲁。”所以，“鲁”系伯禽封国（才能“以国为氏”），在今山东西南部，都曲阜。

《史记·鲁周公世家》有记载：

> 周公旦者，周武王弟也。自文王在时，旦为子孝，笃仁，异于群子。及武王即位……封周公旦于少昊之虚曲阜，是为鲁公。周公不就封，留佐武王。

其《注释》也作了简介：“旦”名。辅佐周文、武、成王，嫡子（代）封于鲁，次子食采周邑，世为王室卿士。

既然如此，所有“周公支子”（也称支族）也只能受之“采邑”或“食地”；即使有封爵封侯者，却不是“诸侯”，均以邑为氏，或以其他为氏，而不可能“以国为氏”。

又既然定格于“次子食采周邑，世为王室卿大夫为氏”的原则；“伯禽”为诸侯，伯禽赐卿大夫，也包括自己的弟

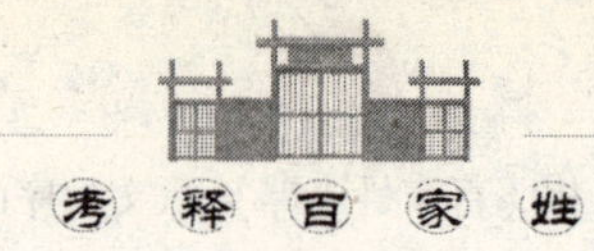

弟或庶弟，即“周公支子”，多以“采邑”或“食地”为氏了。

再既然“次子食采周邑”，那么，“茅”也必然在“周邑（即王畿内）”范围地区内；“鲁”既为“封地”也属“周之邑”范围，“茅”便可能在山东省西南部，或“都曲阜”附近。

茅姓氏族立之而奉祀周公为祖先，可谓见怪不怪。

庞

原文：“庞”宫音。始平郡。系出高阳氏。高阳才子庞降之后。魏有庞涓。汉有庞德公。

考释：古时始平郡，在今河南省荥阳西，新郑北一带。《史记·五帝本纪》记载道：

> 昔高阳氏有才子八人，世得其利，谓之“八恺”……族者，世济其美，不陨其名……舜举八恺，使主后土，以揆百事，莫不时序。

司马迁说这番话，均采自战国初年、鲁国左丘明所作的《左传》，它是我国第一部完整解释孔子《春秋》的编年体史书，故此又称《春秋左氏传》。

《左传》文公十八年载高阳氏才子八人为苍舒、颓敳、梼戭、大临、庞（一作龙）降、庭坚、仲容、叔达；又以

“齐（中正）、圣（通达）、广（宽宏）、渊（深远）、明（明智）、允（信守）、笃（厚道）、诚（诚实）”对高阳氏才子八人的美誉，称之“八恺”。

《注释》则说，“昔高阳氏有才子八人”实为高阳氏部落的八个支族。“后”，君。“后土”，掌管土地，即指掌管农业生产。“揆”，意为管理。

按《注释》而言。“系出高阳氏”才有根据可依。

那么，“庞降之后”，其“后”，应指在周初大分封、百姓林立时的庞降后裔，以祖字为氏，庞姓氏族则立。

庞姓氏族奉祀高阳——帝颛顼为祖先，也未尝不可。

熊

原文：“熊”宫音。江陵郡。系出高阳氏。颛顼孙陆终第六子季连为芈姓。子附叙封于熊。后有鬻熊，为文王师。武王封其曾孙熊绎于楚。至熊渠僭称王，更姓熊氏。汉有熊乔、熊尚。

考释：古时江陵郡，在今湖北省宜昌、纪南一带。

“原文”谓“颛顼孙陆终第六子季连为芈姓。子附叙……”。然而，司马迁在《史记·楚世家》篇中记载为：“季连生附沮……”

“附沮”，《集解》引孙检说：“沮，一作‘祖’”而《路史·后纪》卷八作“附叙”。

不过，“子附叙封于熊”，则无考，不可信。

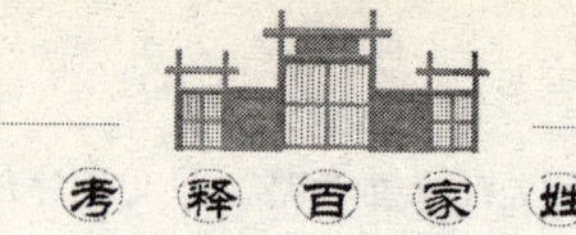

《注释》有道：季连的后代有些分支住在文化发达地区，如楚；有些住在文化不发达地区，如夔越、蛮芈。所以说“或在中国，或在蛮夷”。（指司马迁在《史记·楚世家》所言）

“中国”，指中原地区。但是，司马迁写道：“周文王之时，季连之苗裔曰鬻熊。”却是错误的。

据《左传》僖公二十六年杜注：“鬻熊，祝融之十二世孙。”因“祝融”即“重黎”，是“陆终”父——吴回之兄。

《史记·楚世家》记载道：

> 高阳生称，称生卷章，卷章生重黎。重黎为帝喾高辛居火正，甚有功，能光融天下，帝喾命曰祝融……而以其弟吴回……。
>
> 吴回生陆终。陆终生子六人……六曰季连……。

“鬻熊”，《汉书·古今人表》作“粥熊”。《艺文志·诸子略》道家有《鬻子》二十二篇，注：“名熊，为周师，自文王以下问焉，周封为楚祖。”

《左传》僖公二十六年称，楚人祭祀祝融和鬻熊，鬻熊是楚先祖中很著名的人物。

笔者认为，“鬻熊”，“周（文王）封为楚祖”，应为“鬻熊为楚祖”。因为，周文王（谥号）时，周人还是一个部族，周文王为殷“西伯”，实际上是周部族的首领而已，尚未产生“分封制”，即不存在“封”的可能。况且，当时的楚人，也与周部族同样是一个部族。

后来，鬻熊“其子曰熊丽”（见《史记·楚世家》），当在周武王时，《墨子·非攻下》称楚熊丽始（讨）——（封）睢山之间（即睢水发源之荆山）。荆山，在湖北省荆州境内。

《注释》有道：楚以熊为氏始自熊丽，可能是承鬻熊为氏。

所以，笔者也认为，鬻熊之子以祖名为氏，熊姓氏族则立；于周初大分封后；而非“原文”所言——“武王封其曾孙熊绎于楚”。

并且，所谓“武王封”，与《史记·楚世家》记载之“熊绎当周成王之时，举文、武勤劳之后嗣，而封熊绎于楚蛮……”不吻合，则不可轻信。

纪

原文：“纪”徵音。平阳郡。姜姓。四岳之后，封国于纪，后以国为氏，楚有纪昌，汉有纪信。

考释：古时平阳郡，在今山西省侯马以北、霍县以南的汾河流域地区一带。

“四岳之后”无考，疑是讹传。

诚然，“四岳”，可见于《史记·五帝本纪》记载：“于是帝尧老，命舜摄行天子之政，以观天命……揖五瑞，择吉月日，见四岳诸牧，班瑞。”

可是，这“四岳”的意思，分明泛指“四方”之部族，

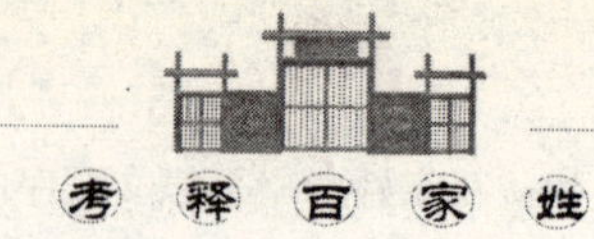

或部落首领而已；“四岳诸牧”也显然明确指四方各地的首领。

再者，“班瑞”，《说文》谓“分瑞玉”。古人以瑞玉为各地方首领地位身分的表征。

《注释》也道：此谓舜代行天子之政时，除遍祭群神祈求佑助外，还向各部落首领班（即颁）授瑞玉，以显示自己（作为）部落联盟首领（亦称大酋长）的独尊地位。

因而可见，“岳”是部落首领的代称；“四岳”则并不是个别首领，而是四方之众首领的简而统称。

此外，《史记·齐太公世家》的《注释》亦称“四岳”，传说为为尧舜时的四方部落首领。

司马迁在《史记·齐太公世家》记载（译文）道：“八年，征讨纪国，纪国从它的都城迁移而去。”

所谓“八年”，即春秋齐襄公八年——公元前690辛卯之年。

《注释》则介绍：“纪”，古国名。其地在今山东寿光县南。

由此可知，因“纪国从它的都城迁移而去”后，人们惶惶然但不忘“国”难，毅然以国为氏，增强斗志亦情理所在，更可见纪姓氏族不屈不挠的斗志，精神可嘉。

虽然，“纪”国由始至终的历史、人事，史载不详；然而，仅根据上述由来，纪姓氏族的形成和年代都是有根据可考的。

舒

原文：“舒”徵音。京兆郡。颛顼之后，封于舒，后以国为氏。唐有舒元舆。

考释：古时京兆郡，在今陕西省西安以南、长安以北一带。

“原文”谓“封于舒，后以国为氏”，无可考证，可能也是讹传所致。

在前文“庞”姓氏篇中，已陈述《史记·五帝本纪》记载的“昔高阳氏有才子八人”，实为“颛顼之后”，也即是高阳氏部落的八个支族。

“苍舒”者为首，且得以“齐（中正）”的美誉。

所以，“颛顼之后，封于舒，后以国为氏”之说，也是错误的。

应该说，颛顼之后，苍舒的后裔，在周初大分封后，又以祖字为氏已成习俗之时，舒姓氏族顺其自然而立之，奉祀苍舒为祖先，合情合理，才无可挑剔。

今安徽省境内，有舒城，与庐江近。

屈

原文：“屈”宫音。临淮郡。系出芈姓。楚武王子瑕封

于屈，后以为氏。楚有屈原。又有屈突，复姓也。

考释："临淮郡"疑是"临汾郡"之误。古时临汾郡，在今山西省临汾偏北地区。

楚的历史很悠久，早在商代就和商人有过接触。西周时楚人分布在汉水流域到长江中游的两岸。这也是符合前文曾述之"季连的后代有些分支住在文化发达地区，如楚；"的。

因为，"季连"，芈姓始祖。（见《注释》）所以，"系出芈姓"也有依据。

《注释》又作介绍：中国古代有些蛮夷国家（笔者按：其实是部落或部族而已）很早就称王，楚即其中一例。

不过，楚人称"王"第一人，则为"楚王"——熊通。公元前740辛丑，蚡冒在位十七年，去世。蚡冒弟弟熊通杀死蚡冒儿子而取代即位。

公元前706乙亥，楚人出兵伐随国。随侯说："我没有罪。"楚君熊通说："我住在蛮夷之地啊。如今诸侯都发动反叛互相侵犯，有的相互残杀。我有军队，打算从此参与中原的政事，请向王室尊崇我的封号。"随侯为他前往周京，请求尊崇君的封号，周王室不准许，随侯返回报告楚君。

公元前704丁丑，楚君熊通发怒说："我的先人鬻熊，是周文王的老师……我部族全部都顺从归服，但周王不加封爵位，我就只好自尊自重了。"于是，熊通自己封立为武王，与随侯订立盟约而离去。（参见《史记·楚世家》的《译文》）

后来，周天子召见随侯，数落（即指责和嘲笑）立楚君为王的事。楚武王发怒，以为随侯背叛自己，便又出兵伐随国。楚武王死在出兵途中，因而撤军作罢。他的儿子楚文王熊赀即位，开始建都于郢（在今湖北省江陵西北，有楚都纪南城遗址）。

因此，“楚武王子瑕”，应是“支子”，即楚文王熊赀之弟，封于屈（采邑）也在新都江陵附近；而“瑕”的子孙以邑为氏也成必然。“瑕”，则为屈姓氏族的始祖。

正如《注释》有介绍：屈氏为楚公族，（楚）武王之后。

项

原文：“项”商音。辽西郡。系出芊姓。楚公子燕，封项城，姓项氏。又姬姓。齐桓公灭项，子孙以国为氏。楚有项羽。

考释：古时辽西郡，在今甘肃武山附近、临洮县一带。

首先，“原文”谓姓项氏，纯属是一种误解。

因为，秦汉之前，姓与氏原来是有区别的，最早的所谓姓是原始部落（或部族）称号，曾表示所谓“血缘”（与当今的血缘有所不同）所出（系母亲氏族公社时称）。氏是姓的支系，则为父亲氏族公社之后的宗法系统的称号。氏的来源，或氏于号，或氏于谥，或氏于爵，或氏于国，或氏于邑，或氏于官，或氏于字，或氏于居，或氏于事，或氏于职等等，到了秦汉以后姓氏才混而为一。因此，“姓项氏”应

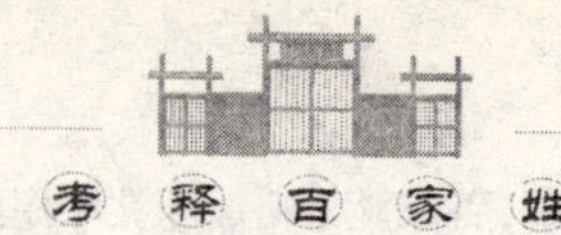

称为“项姓氏族”才合适。

“又姬姓”，即使陈彭年《广韵》卷三《讲》、郑樵《通志·氏族略》第二并云姬姓；但，均缺乏考证根据，只为讹传所致。康熙敕修《春秋传说汇纂》卷首《姓氏篇》云姞姓，其错误更甚。

其实，前文已述，楚人系出芊姓。即使《墨子·非攻下》曾称楚人熊丽，在周武王时始“封”于睢山（即荆山）之间，也不见得“项”，为西周时封国。

所以，“又姬姓。齐桓公灭项，子孙以国为氏”之说，无论如何也是说不过去的。

何况，在上文“屈”姓氏篇已述，“楚君熊通”时，“楚”还是“部族”，甚至称“楚蛮”，更未受周王室的认封；熊通虽然自封为武王，但却是连爵位也没有的。那么，楚人又何来受周之“封国”，又怎能“以国为氏”呢？

不过，“原文”谓“楚公子燕，封项城”，这倒是有《史记》为依据的。

《史记·项羽本纪》有道：“梁父即楚将项燕”，又因“封于项，故姓项氏”。实际上，如上述分析的道理，应称“项姓氏族始”。

“梁父”，（又称季父）即楚公子燕。古代以伯、仲、叔、季为兄弟行次，所以“季”称兄弟之中是最少的。

那么，“公子燕”亦为“楚王”的支子。支子一般只能受封于邑（采邑）或食地，也因“支子不祭”而迫于无奈以邑为氏，另立始祖罢了。

故此，项姓氏族的始祖，是楚公子燕，遂称“楚将项燕”了。“项”，故地在今河南省沈丘县。

祝

原文:“祝”商音。太原郡。系出有熊氏。周武王封黄帝之后于祝，后以国为氏。卫有祝鮀，郑有祝聃。〇聃，音耽。

考释:古时太原郡，在今山西省太原以西南一带，郡治晋阳。

“黄帝”，传说时代的姬姓部族神化了的始祖，被当作我国古史传说时代最早的一位宗祖神之一。华夏族形成后，公认他为全族的始祖。华夏文明传承开来，人们又将之前的炎帝（即神农氏）和黄帝一起联系在一起，故此中华民族便有“炎黄子孙”之称。

《中国通史·原始社会》有道：黄帝姬姓、号轩辕氏，又号有熊氏。

因而，“黄帝之后”又“系出有熊氏”。

“周武王封黄帝之后于祝”，则完全根据司马迁在《史记·五帝本纪》的记载——“武王追思先圣王，乃褒封……黄帝之后于祝”而言之。

“祝”，国名。在今山东宁阳县西北。

不过，《注释》又有道：“祝”，即铸，据铜器铭文为妊姓。

笔者在前文曾根据《史记·五帝本纪》之记载“黄帝二十五子，其得姓者十四人”，作过介绍；不过，“二十五子”在《国语·晋语》篇中却作“二十五宗”，疑是黄帝部族中的二十五支。

《国语·晋语》又谓十四人实有十二姓，即姬、酉、祁、己、滕、葴、任、荀、僖、姞、儇、衣。

据《注释》考，“祝”古通“铸”，“妊”古通“任”。可见，“祝”，的确与“铸”、“妊”及黄帝部族中“谓十四人实有十二姓”之“任”都有微妙的关系。

“后以国为氏”，祝姓氏族则立于周初无疑。

董

原文：“董”角音。陇西郡。系出有熊氏。黄帝孙飂叔安子董父之后，晋有董狐，汉有董仲舒。○飂，音留。

考释：古时陇西郡，在今甘肃省武山附近、临洮县一带。

也许，由于原文谓“黄帝孙飂叔安子董父之后”，原文作者王相又是清代人；从而导致当今“网上”亦云：相传颛顼之后裔飂（音留）有个儿子叫董父，对龙的习性很有研究，帝舜就任命董父为豢龙氏，让他专门养龙。在董父的精心驯养下，许多龙学会了表演各种舞蹈，帝舜很是喜欢，就封董父为鬷川（今山东定陶北）侯，还赐他以董为姓氏，他的后代就董氏。有人还著书作文：“舜封董父（黄帝轩辕氏裔孙）为岐川侯，并赐以董姓，其后代就以董为氏”云云。

其足可见以讹传讹的危害性是多么的严重了。

笔者在前文中，已多次强调，在所有成员一律平等，共同劳动，共同消费，没有阶级对立，所谓“无制令而民从”，“不施赏罚而民不为非”的原始时代，是没有所谓“封”、“赐”的情况出现的，封“侯”更是后世的事情。当然。司马迁写作《史记》各篇时，也犯了这样或那样的错误。

不过，在汉代司马迁时，他手上的资料毕竟有限，而且信息传递也根本无法与当今相比，又出于种种原因，的确可谓难能可贵且情有可原的。

然而，当今还有人不求甚解，并且以讹传讹，却是一种悲哀了。又何为之“考”呢?

其实，人称“董父”者，是晋灵公（公元前620年至公元前607年在位）的晋大夫阳处父。

《左传》文公六年有记载：“晋蒐于夷，舍二军。使狐射姑将中军，赵盾佐之。阳处父至自温，改蒐于董，易中军。”“蒐”，今为“搜”，“董”之意监督管理，简之可称“监军”或“督军”，地位颇之显赫，亦称“董父”。而“易”则取代的意思。

“阳处父”，不仅系晋国大夫，而且任太傅，德高望重。只可惜，他因推荐赵盾为中军元帅取代贾季（即狐射姑）而招怨被杀。

“阳处父”死后，其支子为永作纪念便以官称（董）为氏，董姓氏族因而形成并奉祀“阳处父”为“董父”、为始祖，则合情合理，是不容置疑的。

司马迁根据《春秋左传》，在《史记·晋世家》篇中，

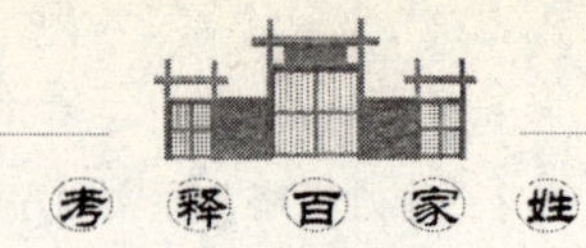

有关“阳处父”人事也有记载，此略。

梁

原文：“梁”商音。安定郡。颛顼之后，封于梁，后以国为氏。汉有梁松。又梁丘复姓也。

考释：古时安定郡，在今甘肃兰州偏东北、宝鸡偏西北及宁夏回族自治区固原地区。“颛”，音专；“顼”，音旭。

《史记·注释》有道：《史记》叙事起自《五帝本纪》，各本纪、世家追溯族姓来源，均归统于《五帝本纪》。《五帝本纪》所叙五帝为黄帝、颛顼、帝喾、尧、舜……秦汉以来姓、氏逐渐合一，司马迁已不能分辨，常常混淆二者。

司马迁著作《史记》时，毕竟已是汉代了；而且，在这之前，春秋战国时人所著古书或以皋陶、益（又称“大费”）为父子，皋陶为大业。

故此，司马迁在《史记·秦本纪》篇中也误解地写道：

> 秦之先，帝颛顼之苗裔孙曰女修。女修织，玄鸟陨卵，女修吞之，生子大业。大业取少典之子，曰女华。女华生大费，与禹平水土。……舜赐姓嬴氏。

其实，根据“史前史”——即未有文字记载以前，又仅以耳闻口语相传的时代，“皋陶”，又作“咎陶”，是传说时代东夷族（部落）的首领；益，即《史记·五帝本纪》

篇中所记载的“而禹、皋陶、契、后稷、伯夷、夔、龙、倕、益、彭祖自尧时而皆举用，未有分职”。文中之“益”，也显然与“皋陶”同辈、起码不是父子关系。宋代梁玉绳在《史记志疑》中也已辩其误了。

“益”，即伯益，又作“伯翳”、“柏翳”，传说是古代嬴姓部落之先祖。

有关“舜赐姓嬴氏”，史记卷五《注释》也指出其错误所在：一般古书记载皆谓嬴姓出于少皞之后，但（司马迁）这里却把嬴姓归于舜赐姓。

《史记·五帝本纪》的《注释》更指出：《五帝本纪》，本篇是司马迁对我国夏代以前先民历史的概述。迄今为止，我们对古人盛传的夏代的认识，仍然停留在零星的传说上……在未获得足够的实证之前，对夏代的历史尚无法得出确定的结论。传说在夏以前的“五帝”时期同样如此。人们把人类有确切文字记载以前的历史称为“史前史”。我国史学家则把没有确切文字记载，而由口耳传说构成的历史，称为“中国古史的传说时代”。《五帝本纪》记述的就是这个时期的历史。

“帝”是后世的称呼，当时中国尚处在（原始）氏族社会，所谓“五帝”不过是部落联盟首领中的佼佼者。

在古代传说中，古帝名本来是很多的。但是，自从战国后期流行五行说以后，什么都要配成“五”，于是就要在许多古帝中拉出“五个”来抵充“五帝”，因而先后出现过四种“五帝”说……

据《礼书》记载，郊祀祭太皞（青帝）、炎帝（赤帝）、黄帝、少皞（白帝）、颛顼（黑帝）“五帝”。

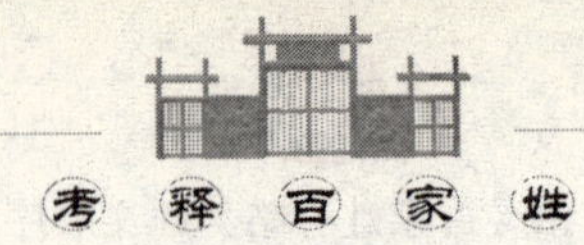

所以，司马迁认为“秦之先，帝颛顼之苗裔……舜赐姓嬴氏”。这不仅是一种误解，而且，“赐”的行为也有违当时的历史情况。正如《中国通史·原始社会》有道：

五氏时期，中国正处于“民知其母，不知其父”，所有成员一律平等，共同劳动，共同消费，没有阶级对立，所谓“无制令而民从”、“不施赏罚而民不为非”的时代。

即使到了所谓“五帝”时期，中国社会已由母系氏族社会进入父系氏族社会；但毕竟还是原始社会，也不可能有什么“封”、“赐”等等类似封建社会的所作所为。

其实，在史称“周初大分封”之前，什么“姬姓”、“嬴姓”及其他的“姓”，也是后世的称呼、即春秋战国时期见著于《大戴礼记》、《五帝德》、《尚书·尧典》、《帝系》、《世本》等，纯粹为了整编“史前史”的传说故事，好让读者有一个系统认识，又易区别先后，更不至于“无从说起”而已；这种作用的正面是难能可贵、成就巨大的。到了汉代，司马迁又能作为参考而编写了《史记》，更是中国史学发展史上具有划时代意义的鸿篇巨制，对于汉代以后，史学的影响甚为深远。

不过，原文之“颛顼之后”，却分明因司马迁的误解而沿用错了，应是“少皞之后”、也可说“嬴姓伯益之后”才与上述之道相符。

据有关史料记载：嬴姓伯益的后裔有个叫非子的人，非常善于养马。于是周孝王便让他负责养马，结果当时（古时十分重视的）养马业得到了很大的发展……非子的曾孙秦仲，是周宣王时的周大夫，奉命征讨西戎，不幸被西戎所杀。后来，秦仲的五个儿子率兵继续攻击西戎，并团结一

致、同仇敌忾，终于打败了西戎，收复失地。

秦仲的小儿子——康，被封于梁（在今陕西韩城南），成为周之诸侯国之一——“梁国”；康公之后，以国为氏，因此，梁姓氏族应立于周宣王（公元前 827 至公元前 782 年）时，梁伯康公则为始祖。“伯”也则是始于周代的爵号，五等爵位分别是：公、侯、伯、子、男。

公元前 641 年，即“梁国”成立 100 多年后，被灭入秦；陕西韩城南也被改为“少梁”为秦国邑名。（上述见载于《史记》）

唐代林宝《元和姓纂》却认为，嬴姓伯益之后，秦仲有功，周平王封其少子康于夏阳，是为梁伯，后为秦灭，子孙以国为氏。因而，导致了有些地方的梁氏族谱及家书也随之错误。

例如《福建晋江叔明公书》：

粤稽吾梁氏嬴姓，系出柏翳裔，柏翳十八世大路（笔者注：实为“大骆”，见《史记》）生非子，周孝王分为附庸邑于秦，再传秦仲；平王封其少康于夏阳梁山……

《蓼岗梁氏族谱》之《姓氏族谱所记姓源》：

梁氏嬴姓，伯爵伯益之后。秦仲有功，周平王封其少于康于夏阳梁山……

笔者从来不知道，还在原始时代的“伯益”怎能成为始于周代的“伯爵”，倒明确知道周宣王与周平王之间还有一个烽火戏诸侯的周幽王，年代相距甚远。而且，周幽王之后，周避犬戎难，东徙雒邑；受周平王（公元前 770 至公元前 720 年）“封爵之”人也并不是“其少子康”。《史记·秦本纪》的记载如下：

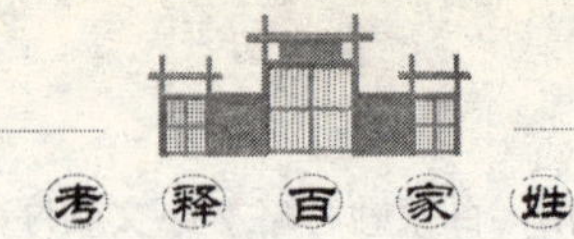

> 周宣王即位，乃以秦仲为大夫，诛西戎……秦仲立二十三年，死于戎。有子五人，其长者曰庄公。周宣王乃召庄公昆弟五人，与兵七千人，使伐西戎，破之。于是复予秦仲后，及其先大骆地犬丘并有之，为西垂大夫。

这也分明说明，周宣王封秦仲的长子——庄公为“西垂大夫”；封“其少子康于梁”，均在西周时的周宣王在位之时的史实。

而受周平王“封爵之”的人，则是“庄公”的第二个儿子、即“昔周邑我先秦嬴于此，后卒获为诸侯”的、史称“秦襄公”（即秦国立。在这之前，秦姓以邑为氏）。

在《史记·秦本纪》篇中记载得很清楚：

> 庄公居其故西犬丘，生子三人，其长男世父。世父曰：“戎杀我大父仲，我非杀戎王则不敢入邑”遂将击戎，让其弟襄公……周避犬戎难，东徙雒邑，襄公以兵送周平王。平王封襄公为诸侯，赐之岐以西之地……襄公于是始国……

请读者注意：“大父仲”即是“秦仲”，乃是“庄公”之父、“世父”之爷爷，又称“大父”。

“岐”，西周都邑，周人古公亶父所建，在今陕西岐山、扶风两县境内的周原遗址上。

“岐以西之地”，则指岐的西郊。据《礼书》记载，秦

襄公居西垂时，地点应在西垂之郊。

而且，“襄公于始国”，即周之诸侯国——秦国立之，此时已是东周了。秦国之立与梁国之立的年代也相差甚远，也是不争的事实。

选择《百家姓考略》原文其中今之常见姓氏考释

杜

原文：“杜”商音。京兆郡，帝尧之后，封于唐，周灭之，处其族于唐、杜之间，居杜者姓杜氏。周有杜伯，晋有杜原款，汉有杜延年。

考释：古时京兆郡，在今陕西省西安以南、长安以北一带。

“帝尧之后，封于唐”者，按《史记·吴太伯世家》的注释介绍：唐，（周）成王弟、晋始祖叔虞所封地，在今山西翼城西。

不过，原文谓“周灭之，处其族于唐、杜之间，居杜者姓杜氏”却失实并且是错误的。

因为，“唐”与“杜”均为周初大分封、周成王时期之古国了。正如《史记·秦本纪》的注释道：“杜”，西周古国，在今陕西西安市东南。

这也是“周有杜伯”的来由，而并不是“周灭之”。“伯”，也是由周代始的封爵号称、排行第三位（即公、侯、伯、子、男）。

其实，“杜”失国于公元前687甲午，即春秋时代秦武公十一年，为秦直属县。《史记·秦本纪》篇中有记载：

> 武公……十年，伐邽、冀戎，初县之，十一年，初县杜、郑。

其注释道："初县之"……春秋初期秦、晋、楚等大国往往把新兼并得来的小国建为国君直属的军事重镇，而不用作卿大夫的封邑，是为县。郡县制的县即由此而来。

因此，"杜"应该在周初大分封后，在"以国为氏"的氛围下而形成之，并不是"居杜者姓杜氏"了。它的始祖为"杜伯"。

邢

原文："邢"商音。河间郡。系出姬姓。周公第四子封于邢。以国为氏。齐有邢子才。

考释：古时河间郡，今河北省石家庄东南、衡水偏东一带地区。

"系出姬姓"，及"周公"，见《史记·卫康叔世家》的注释道："周公旦"，西周初大臣，姬姓，名旦，亦称"叔旦"。文王之子，武王之弟。采邑周（在今陕西岐山东北），故称周公。

然而，原文谓"周公第四子封于邢"和所谓"第四子"的名字，既交代不清又无据可查，难以服众。连《史记·鲁周公世家》篇也不见有关记载。

至于"封于邢，以国为氏"是否周公的后代，则见于《史记·卫康叔世家》的注释介绍：

"邢"，古国名，《春秋左传注》云："邢"，国名，姬

姓。《史记集解》引贾逵云："邢，周公之胤，姬姓国。"传世有邢侯彝，彝为周天子册命邢侯时所作，铭末曰"作周公彝"，足证其为周公之胤，金文习见"井侯"、"井伯"，刘节《古史考存·古邢国考》谓"井"即"邢"。今河北邢台市境有古襄国故城，即古邢国。《太平寰宇记》卷五十邢册龙岗腴引《北史》谓齐武平初掘古冢，得铜鼎，有铭邢侯夫人姜氏墓，足证邢在今邢台。

"胤"，与荫同音。系后代之意。

贾

原文："贾"，商音。武威郡。系出姬姓。唐叔虞少子封于贾，后以为氏。晋有贾华、汉有贾谊、贾复。

考释：古时武威郡，又称"西郡"，今甘肃省武威以此一带地区。

"唐叔虞"，即"叔虞"、又称"唐叔"。

在《史记·晋世家》篇有记载：

> 晋唐叔虞者，周武王子而成王弟……于是遂封叔虞于唐。唐在河、汾之东，方百里，故曰唐叔虞。姓姬氏，字子于。

继而又云：

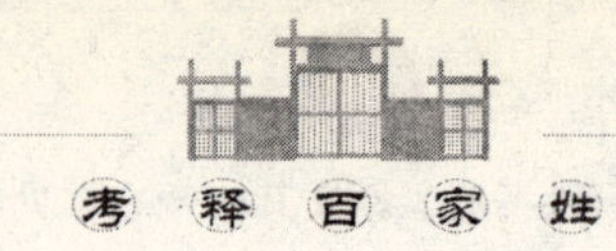

> 唐叔子燮，是为晋侯。晋侯子宁族，是为武侯。武侯之子服人，是为成侯。成侯子福，是为厉侯。厉侯之子宜臼，是为靖侯……

但始终没有“唐叔虞少子”的有关记载。而且，所谓“唐叔虞少子封于贾”亦无名无据，不足取信。

反而，在《史记·晋世家》篇中有注释介绍：狐射姑，狐偃之子季，食邑于贾（在今山西襄汾西），以邑为氏，故称贾季。

“狐偃”，则是晋文公重耳之舅，也是文公身边的五贤士之一。《史记·晋世家》也有记载：

> 晋文公重耳，晋献公之子也。自少好士，年十七，有贤士五人：曰赵衰；狐偃咎犯，文公舅也……

《注释》还作介绍：相传狐氏为唐叔之后，姬姓。

也许，正因为这个“唐叔之后”和“狐偃之子季”；而“季”又是古时兄弟排行“伯、仲、叔、季”之末、也称“少子”之故，人有把“狐偃之子季”误作“唐叔虞少子”而讹传之？

据说，“唐叔虞少子”乃出自唐·林宝《元和姓纂》及《新唐书·宰相世袭表》记载；然而，其引经据典于何处却不详，难以判断其说的真伪。

徐

原文：“徐”商音。东海郡。系出嬴姓。伯益子若木生调，封于徐，历夏、商、周为诸侯，后以国为氏。汉有徐迟，吴有徐盛。

考释：古时东海郡，在今山东省临沂、河东一带。

“系出嬴姓”，见《史记·楚世家》注释道：“徐”，嬴姓小国，在今安徽泗水县。

原文谓“伯益子若木生调，封于徐，历夏、商……为诸侯”，其实是错误的。

因为，“诸侯”是周初大分封后、封建制的产物。而周代之前的所谓“诸侯”、“国”，实际是后世太史公称之（当然也包括司马迁）；但，实质上却只不过是“部落”或“部族”或部落联盟首领而已。下如《中国通史·夏朝》有道：

夏原是一个部落名称，姒姓，其活动地区大体在黄河中游一带。夏部落首领禹因治水有功，得到其他部落首领的拥护，继舜为部落联盟的首领。

即使禹之后“夏启为首的奴隶主贵族，为了维护他们的利益，建立了奴隶制国家”；但，“夏把天下分为九州，置九牧管理”。夏“牧”是“地方长官，表明夏已有一套行政管理机构了”，却仍未见有分封制及诸侯产生。

到了商代，其“基本政体是以商王为首的奴隶主贵族专制。”它的中后期虽然有些迹象似乎从奴隶制社会向封建制社会过渡。例如，《尚书·酒诰》指出商代有内外服之分。内服是商王畿，即商王直接统治地区。外服是指有派侯、甸去统治的边境地区。而当时的“派侯、甸”的身份是贵族、奴隶主。

又据有关文献介绍，“见于商代卜辞和铜器铭文的官名很多，有小臣、小耤臣、小众人臣、卜、史、作册、御史、宰、尹；属于武职的有马、亚、射、卫等。商代小臣的地位颇高，如汤的辅佐伊尹就是小臣。卜辞中小臣代商王祭祀或率兵出征的例子不少。”

虽然，还有“见于卜辞的，武丁时有仓侯虎、井伯、昜伯，帝辛时有攸侯喜。见于文献的有鬼侯、鄂侯、西伯。”；可是，那个时候，实质上还是奴隶制社会，分封制和宗法制根本未有确立，好像周初分封诸侯为“国”的现象也言之尚早。

何况，事实上商代时的所谓“侯”、“伯”，也并不是“国君”。例如，“西伯”，即后谥号周文王，当时也只不过是“周”族或可称部族的首领而已，而周人的地盘更不是所谓“国”。

又如在商的四周，分布着许多的部落或部族，商则称它们为“方”或邦方：“在武丁时期有御方、井方、危方、马方等三十几个方。在商西北方向有土方、呈方、鬼方、羌方，在商之南有人方、虎方。”（上述引号内文均摘自《中国通史·商朝的政治制度》）

“徐”，在夏、商时，原是淮夷中的一个部落。在《史记·夏本纪》篇中的注释有介绍：

“淮夷”，甲骨文中作“隹夷”，是我国古代属于东方鸟

夷族的少数民族。早先主要居今山东潍水一带渤海南岸，并及渤海西岸。商时已有一部分迁今淮水流域。大部至周初犹居山东境，被周公东征击败后，始迁淮水流域建立三十余国，称南淮夷，余邾、莒、滕、薛等小国在鲁境。淮夷中徐国最强大，带领诸国抗周，势力不敌时则屈服。文献及金文有向周献贡资料，为《禹贡》所记淮夷贡物之历史根据。

在《中国通史·周公东征》篇中，也是这样记载的："……由于王位继承问题，周统治阶级的内部发生了矛盾。以武庚为首的商代残余的奴隶主贵族便利用这个机会和管蔡勾结，发动徐、奄、熊、盈"等东方诸部落……"

在《中国通史·原始社会·人物图鉴》又有介绍：皋陶，一作咎繇。姓偃，东夷族首领……

由此可见，徐姓氏族并非所谓"伯益子若木生调，封于徐"，并非属"周初大分封"时封之为侯，而是徐人在周初奋斗自立徐国，又以国为氏的。其过程除上述注释外，还有《注释》道：

"徐州"，是古代淮夷中的徐人居往地区。早就有称为徐州的城邑三处：一在渤海西岸的东平舒（今河北大城县）境，一在渤海南岸（今山东临淄以东）附近，这是徐人西周初年的前居地的遗墟，分属《禹贡》兖州、青州。一在薛（今山东滕县东南），则是周初徐人南迁后立国之地。后又迁国邑于泗水徐城县（今泗水县东南），直至春秋时为吴所灭。

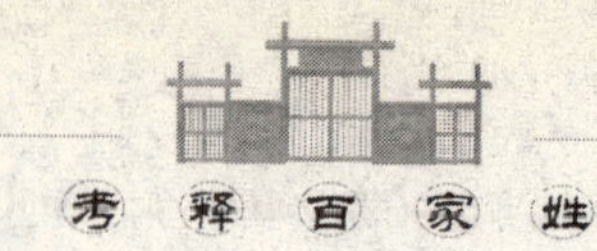

邱

原文：“邱”宫音。河南郡。系出姜姓。太公封于营邱，支子以地为邱氏。又有闾邱、梁邱，俱复姓也。

考释：古时河南郡，在今河南省洛阳以南一带地区。

“系出姜姓”，系因周初齐太公“本姓姜氏”，又称“姜子牙”之故。《史记·齐太公世家》有道：

> 太公望吕尚者，东海上人……本姓姜氏……

其《注释》介绍之：“太公望”，周代齐国的始祖，姜姓，名牙……文王时号太公望。因其辅佐周武王灭商有功，封于齐，均称齐太公，俗又称为姜子牙。

“太公封于营邱”，其实“营邱”最早称“营丘”。

《注释》考证：“营丘”，古邑名。其地在今山东淄博市临淄北，以营丘山而得名。

《新华字典》解之：“邱”，姓。古也作“丘”。

“姜太公之卒百有余年，子丁公吕伋立。”（见《史记·齐太公世家》）其“子”即指的是“嫡子”。所以，其“支子以地为邱氏”，为姜太公的支子家族，也说明邱姓氏族形成于周初大分封时期，历史悠久。

骆

原文：“骆”商音。内黄郡。系出嬴姓。非子父大骆，大骆长子成世居太丘，国号大骆；厉王时灭于西戎，馀子以国为氏。唐有骆宾王。

考释：古时内黄郡，在今黄河流域之“河套”一带地区。

“嬴姓”，《史记·秦本纪》的《注释》纠正道：一般古书记载皆谓嬴姓出少皞（即少昊）、（一说五帝之一）之后，但这里却把嬴姓归于舜赐姓。

原文“非子父大骆，大骆长子成”之说，按《史记·秦本纪》的记载可知其出处：

“……恶来革者……有子曰女防。女防生旁皋，旁皋生太几，太几生大骆，大骆生非子。”、“孝王欲以为大骆适嗣。申侯之女为大骆妻，生子成为适”。

按《注释》云：“适”，同“嫡”。

然而。原文谓“太丘”，则是“犬丘”之误。《注释》有介绍：

“犬丘”，即上文“西垂”、下文“西犬”丘。据《水经注·漾水》，犬丘地望在汉西县，即今甘肃天水市西南。

原文谓“国号大骆”、“馀子以国为氏”之说，则更失实，查实史无“大骆国”之称，只见有“大骆之族”的记载：

……周厉王无道，诸侯或叛之。西戎反王室，灭犬丘大骆之族。（见于《史记·秦本纪》篇）

由此可知，“犬丘大骆之族”被迫逃离故乡——犬丘后，大骆长子成及子孙，以（祖）字为氏，亦可见骆姓氏族形成于周厉王在位期间，迁徙后又从中原南下。

高

原文：“高”角音。渤海郡。系出姜姓。齐文公子子高后，以字为氏。高傒世为齐卿，孔子弟子高柴，汉有高凤。

考释：古时渤海郡，在今河北省沧州偏东北、青县以南一带地区。

“齐文公”在《史记·齐太公世家》篇中，是这样记载的：

……齐人乃厉公子赤为君，是为文公……文公十二年卒，子成公脱立……

其《注释》考证：“文公”，公元前816年至前804年在位。

因而可知，“齐文公子子高”系齐文公的支（或称“庶”）子。齐文公之后，其嫡子成公脱立为齐君，子高只能为卿；又因“支子不祭”，子高的子孙以字（高）为氏，则是情理之中。而且，有《史记·周本纪》篇的记载为证：

二十年，惠王崩，子襄王郑立……王以上卿礼管仲。管仲辞曰："臣贱有司也，有天子之二守国、高在……"王曰："舅氏，余嘉乃勋，毋逆朕命。"管仲卒受下卿之礼而还。

其注释有道："天子之二守国、高"，"国"，国氏，为齐太公之后。"高"，高氏，齐文公之后。《礼记·王制》："次国三卿，二卿命于天子，一卿命于君。"（周代）齐为次国，国、高为天子所受的上卿，管仲为齐君所命的下卿。

"周襄王郑"时，已是东周春秋时期了。据《中国历史年代简表》记载，周襄王郑于公元前651庚午立元年，在位33年、即公元前619壬寅年终；而"齐成公"则于公元前803年至前795年在位。

因此，高姓氏族形成于周襄王之前、即西周周宣王在位时期。

原文的"高徯"，见《史记》实为齐桓公时的"高傒"。"徯"、"傒"两字音同，意思却不相同的。

蔡

原文："蔡"徵音。济阳郡。系出姬姓。文王子叔度封蔡，后以国为氏。晋有蔡墨，秦有蔡泽，汉有丞相蔡义。

考释：古时济阳郡，在今河南省开封以东、商丘以西一带地区。

“文王子叔度”，《史记·管蔡世家》篇文曰蔡叔度。其记载道：

……蔡叔度者，周文王子而武王弟也。武王同母兄弟十人。母曰太姒，文王正妃也。其长子曰伯邑考，次曰武王也，次曰管叔鲜，次曰周公旦，次曰蔡叔度……

《注释》云：“蔡叔度”，周文王子，武王，周公旦之弟。武王灭殷后，封于蔡（今河南省上蔡县）。

所谓“后以国为氏”，是指叔度受封后，其家族便以国为氏；所以，蔡姓氏族的始祖是叔度，史称“蔡叔度”。蔡叔度的儿子胡，即是蔡仲。正如《注释》介绍之：

武王死后，（蔡叔度）因与管叔鲜挟武庚反对周公摄政被放逐，其子胡（即蔡仲）续封。平侯时迁都新蔡（今河南省新蔡县），昭侯时迁州来，谓之下蔡（今安徽省寿县）。公元前447年为楚所灭。

田

原文：“田”徵音。雁门郡。系出陈氏。陈桓公子完，仕齐为卿，姓陈氏。至陈恒更姓田氏，孙田和代有齐国。汉有田延年。

考释：古时雁门郡，在今河北省石家庄偏北、朔州偏东

南一带地区。

原文谓“陈桓公子完”是错误的。

《史记·田敬仲完世家》篇云：

> 陈完者，陈厉公他之子也……厉公者，陈文公少子也，其母蔡女。文公卒，厉公兄鲍立，是为桓公。桓公与他异母。及桓公病，蔡人为他杀桓公鲍及太子免而立他，为厉公。

《注释》介绍道：陈厉公是陈国第13代国君，公元前706年至前700年在位。

而且，注释者经论证又指出：“陈厉公他”，《春秋左氏传》桓公五年记载：“文公子佗杀太子免而代之。”又《春秋左氏传》桓公十二年记载：“八月壬辰，陈侯跃卒。”杜预注中说陈侯跃是厉公。《春秋左氏传》庄公二十二年记载：“陈厉公，蔡出也，故蔡人杀五父而立之”五父即陈佗，因此陈厉公并非陈他（佗），本书此处与《陈杞世家》并误。“他”与“佗”同，音tuō。

原文谓完“仕齐为卿：姓陈氏。”也错。《史记·田敬仲完世家》篇中，是这样记载的：

> 宣公二十一年，杀其太子御寇。御寇与完相爱，恐祸及己，完故奔齐。齐桓公欲使为卿，辞曰：“羁旅之臣幸得免负檐，君之惠也，不敢当高位。”桓公使为工正。

《注释》介绍道："工正"，周代官名，掌管官营手工业和各种技工。

原文谓"至陈恒更姓田氏"之说更错。《史记·田敬仲完世家》有记载：

> 完卒，谥为敬仲……敬仲之如齐，以陈字为田氏。

其《注释》云："谥"，古代帝王及官僚、贵族死后，根据他们生前事迹所赠予的称号。

"以陈字为田氏"，"陈字"，一本作"陈氏"。《正义》按："敬仲既奔齐，不欲称本国故号，故改陈字为田氏。《史记正义》亦取此说。根据《说文解字》："田，陈也。"钱大昕说古代读陈作田。又见当时田、陈是相通的字。战国齐铜器陈璋壶等器物铭文中齐国王族仍姓陈，但写作"塦(墜)"，与春秋陈国铜器铭文中的陈写作"敶"不同，史称陈氏改姓或系指此字形的改动。

再根据"完之奔齐，齐桓公立十四年矣。"（见《史记·田敬仲完世家》篇）的记载，估计田姓氏族立于公元前671庚戌左右。

胡

原文："胡"羽音。安定郡。系出妫姓。陈胡公满支子，以谥为氏。齐有胡龁，汉有胡广。

考释：古时安定郡，在今宁夏回族自治区固原地区。

按《史记·陈杞世家》篇记载：

陈胡公满者，虞帝舜之后。昔舜为庶人时，尧妻之二女，居于妫汭，其后因为氏姓，姓妫氏。舜已崩，传禹天下，而舜子商均为封国。夏后之时，或失或续。至于周武王克殷纣，乃复求舜后，得妫满，封之于陈，以奉帝舜祀，是为胡公，胡公卒，子申公犀侯立……

因此可见，"陈胡公满支子"即是"申公犀侯"之弟。不过，原文谓"以谥为氏"则甚为不妥。

因为，"胡公"不是"谥"之称号。《注释》有介绍："胡公满"，陈国始封君，胡公为其君号，满为其名。

所以，陈胡公满支子"以（君）号为氏"，胡姓氏族则立，才与《史记》吻合。

霍

原文："霍"羽音。太原郡。系出姬姓。文王子霍叔之后，以国为氏。汉有霍光。

考释：古时太原郡，在今山西省太原以及西南至晋阳一带地区。

"文王子霍叔"，在《史记·管蔡世家》篇有记载（摘要）：

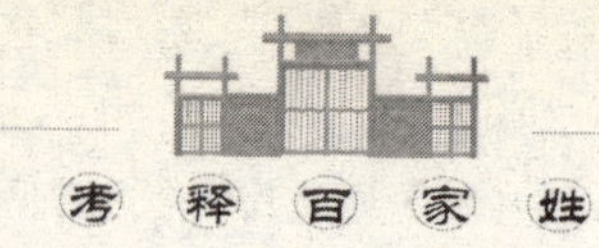

> 武王同母兄弟十人。母曰太姒，文王正妃也。其长子曰伯邑考，次曰武王发……次曰霍叔处……

因此而知，叔处系周文王第八子，系武王弟，又称“霍叔”。

其《注释》介绍：“霍叔处”，周文王子、武王弟，武王灭殷后封于霍，地当今山西省霍县境。公元前661年为晋所灭。

在《史记·周本纪》篇中的注释也有介绍：武王克殷后，封管叔于管，蔡叔于蔡，霍叔于霍，以监殷及殷以北的邶（在今河南汤阴东南），殷以南的鄘（在今河南汲县东北）、殷以东的卫（在今河南淇县）。

所以，霍叔又曾是史称周初“三监”之一。

根据上述史料，霍姓氏族是在周初叔处受封于霍，即所谓“封邦建国”之时，叔处的家族便以国为氏了。

正如《中国通史·周初大分封》篇有道：

周初为巩固统治，在全国大规模分封诸侯，即所谓“封邦建国”。据记载，武王、周公，成王曾先后封建71国。其中，武王、周公的兄弟15人，同姓40人。周王子弟一般都得到了封地，成了大小诸侯。

虞

原文：“虞”商音。陈留郡。系出妫姓。舜后封虞。以

国为氏。又姬姓。太伯弟虞仲雍之后，魏有虞丘子。汉有虞诩。

考释：古时陈留郡，在今河南省郑州南、商丘西一带地区，邻古时陈郡。

原文谓“系出妫姓”、“舜后封虞”，关键在于“舜”、即五帝之帝舜，又称虞舜（出自《尚书·尧典》）。

据《史记·五帝本纪》篇中的注释介绍（摘要）：相传舜住在虞地妫水旁，舜的后代因而姓妫。而虞地在今河南东部虞城一带……则妫水亦当在今河南东部。

“舜后封虞”又实质是指“太伯弟虞仲雍之后”。

按《史记·吴太伯世家》的记载：

> 吴太伯，太伯弟仲雍，皆周太王之子，而王季历之兄也。

周太王即《史记·周本纪》篇中的“古公亶父”，周人尊奉他为周王朝的奠基人。而“王季历”也即是周文王姬昌之父——周武王祖父。

可见，太伯、仲雍两人分别是周武王的大祖父和二祖父了。

又按《史记·吴太伯世家》的记载：

> 太伯卒，无子，弟仲雍立，是为吴仲雍。仲雍卒，子季简立。季简卒，子叔达立。叔达卒，子周章立。是时周武王克殷，求太伯、仲雍之后，得周章。周章已君

> 吴，因而封之。乃封周章弟虞仲于周之北故夏虚，是为虞仲，列为诸侯。

因而，原文所谓“舜后封虞。以国为氏”是正确的。上述史料，也说明虞姓氏族形成于周初大分封时，其始祖为虞仲，亦可称“仲公”。

万

原文：“万”商音。扶风郡。毕万之后。孟子弟子万章。

考释：古时扶风郡，在今陕西省西安以西及宝鸡以东一带地区。

“毕万”，在《史记·魏世家》篇有记载：

> 魏之先，毕分高之后也。毕公高与周同姓。武王之伐纣，而高封于毕。于是为毕姓……其苗裔曰毕万，事晋献公……献公三十六年，赵夙为御，毕万为右，以伐霍、耿、魏，灭之。以耿封赵夙，以魏封毕万，为大夫，卜偃曰：“毕万之后必大矣。万，满数也；魏，大名也。以是始赏，天开之矣。天子曰兆民，诸侯曰万民。今命之大，以从满数，其必有众。”

其《注释》考证之：“毕公高与周同姓”，《索隐》曰：

《左传》富辰说，（周）文王之子十六国有毕、原、丰、郇，言毕公是文王之子。此云与周同姓，似不用《左氏》之说。马融亦云，“毕、毛、文王庶子。”按：富辰之言，见僖公二十四年《左传》。

“卜偃”，晋掌卜大夫郭偃。

“毕万之后必大矣”，亦见闵公元年《左传》；“万，满数也”，《左传》“满”作“盈”，《史记》避汉讳易之。

《史记·魏世家》继而言之（摘要）：

> 毕万封于十一年……而毕万之世弥大，从其国名为魏氏。生武子。魏武子……

见《注释》有介绍：“毕万封于十一年”，当周襄王元年，即公元前651年。“生武子”武子名犨。《世本》云：毕万生芒季，芒季生武仲州。”“州”与“犨”声近而字异，“州”即“犨”。闵公元年《左传》杜预注：“毕万，魏犨祖父。”

因此，原文所谓“毕万之后”可能指是毕万的支子或称庶子，以“万，满数也”为荣，便以（父）字为氏，万姓氏族便形成，估计在于周惠王在位期间。据《中国历史年代简表》，周惠王阆，于公元前676乙巳立元年，至前652乙巳，均属东周即春秋战国时代。

柯

原文："柯"商音。济阳郡。系出姬姓。吴王柯卢之后。

考释：古时济阳郡，在今河南省开封以东、商丘以西一带地区。

此续上文"虞"姓篇之"周章已君吴，因而封之……"，《史记·吴太伯世家》继而记载（摘要）：

> 周章卒，子熊遂立。熊遂卒，子柯相立。柯相卒，子疆鸠夷立。疆鸠夷卒，子余桥疑吾立。余桥疑吾卒。子柯卢立。柯卢卒，子周繇立……

显然，上述史记，说明柯姓氏族系属支子或称庶子之列，并以（父）字为氏；而且，早在"柯卢"之前，就见"子柯相立"了。所以，原文谓"吴王柯卢之后"是一种误解。

因此，柯姓氏族以字为氏，很有可能是柯相之子疆鸠夷之弟或称庶弟而立之，才合情合理。如是之，柯姓氏族也应在周初大分封、周成王在位时期。

管

原文：“管”徵音。晋昌郡。系出姬姓。文王第三子管叔鲜后。齐有管仲，汉有管宁。

考释：古时晋昌郡，在今陕西省西安偏南勉县至安南一带地区。

“文王第三子管叔鲜后”，其“后”字显然使用不当。

事因，“管叔鲜”，既然“系出姬姓”，则原称“姬叔鲜”；正如“武王发”又称“姬发”一样的道理。后来，“因其封于管，故以为氏”（见《注释》）才称之为“管叔鲜”，亦可见管姓氏族是由姬叔鲜家族形成，由“叔鲜”始，也即为之始祖了。

《史记·管蔡世家》篇的《注释》还介绍道：

“管叔鲜”，周文王子、武王弟、周公旦之兄。武王灭殷后，使弟管叔鲜、蔡叔度协助纣子武庚禄父治理殷之遗民，封管叔鲜于管（今河南省郑州市），使其镇抚殷之遗民。

由此可见，“管”是史称周初“封邦建国”的重要诸侯之一，也是“以国为氏”一例。

丁

原文：“丁”徵音。济阳郡。系出姜姓。齐太公子丁公之后，以谥为氏。汉有丁公、丁固。

考释：古时济阳郡，在今河南省开封以东、商丘以西一带地区。

史称“齐太公”，前文已详述，此略。

不过，原文谓“丁公之后，以谥为氏”者，却交代不清，有点儿含糊其辞。

其实，“丁公之后”，在《史记·齐太公世家》篇中有明确的记载：

> 盖太公之卒百有余年，子丁公吕伋立。丁公卒，子乙公得立。乙公卒，子癸公慈母立。癸公卒，子哀公不辰立。

故此，所谓“以谥为氏”者，必然是丁公的支（或庶）子，而不能笼统地指是“丁公之后”。

而且，只有齐太公子丁公的支（或庶）子，以谥为氏，才较为合情合理，也符合当时社会的习俗、规例。丁姓氏族奉祀丁公为始祖也是人之常情。

然而，按上述史记的记载，又不见得“丁公”为“谥”号，本意应该指：齐太公子，姓吕，名伋，号（或字）丁

公。

因而，可以说齐太公子丁公的支（或庶）子，以（祖）号为氏，也许会更准确一些。

邓

原文：“邓”徵音。南阳郡。商武丁封叔曼季于邓，后以国为氏，汉有邓彭祖、邓禹。

考释：古时南阳郡，在今河南省南阳市、邓州县北一带地区。

因为，前文已有论证，商代有“派侯”，但并不是封建制度的封侯，也不见得有诸侯国。当时，所谓“国”也只不过为“方”或“邦方”而已。所以，“后以国为氏”，也只可能在周初大分封之后。

“邓”，在《史记·郑世家》篇中有《注释》介绍：

“邓”，古国名，曼姓，在今湖北襄樊北，一说疆域到达今河南邓县，公元前678年被楚国所灭。

《史记·楚世家》篇中曾有道（摘要）：

> 十二年春，楚灵王……至蔡，与吴、越兵欲袭蔡。令公子比见弃疾，与盟于邓。

可见，这时的“邓”已是楚邑了。其《注释》作介绍：“邓”，楚邑，在今河南郾城东南。

卢

原文：“卢”商音。范阳郡。系出姜姓。齐文公子子高之孙，食采于卢，因氏焉。汉有卢绾。

考释：古时范阳郡，在今河北省张家口的西南至怀安一带。

原文谓“齐文公子子高之孙，食采于卢，因氏焉。”是错误的。

因为，“卢”即是古称“纑”，是周武王灭殷前，在殷之西土的一个部族、也是后世称周武王“牧誓八国”之一。其实，当时“周”也与“纑”一样，仍是一个部族。

《史记·周本纪》篇是这样记载（摘要）的：

> 二月甲昧爽，武王朝至于商郊牧野，乃誓。武王左扙黄钺，右秉白旄，以麾。曰：“远矣西土之人！”武王曰：“我有国冢君……及庸、蜀、羌、髳、微、纑、彭、濮人……”

周武王灭殷后，周王朝方始成立，而周初大分封之时，纑族因有功受封，也是理所当然，史称为“周的与国”或“周与国”，又简称“卢”国。纑族人以国为氏更自然而然了。

正如《史记·周本纪》的《注释》有道：

“栌”，音 lú，国名，或以为即春秋时期的卢国，在今湖北房县。

崔

原文：“崔”角音。博陵郡。系出姜姓。齐丁公子居崔，因氏焉。后有崔杼，汉有崔寔，魏有崔皓。

考释：古时博陵郡，在今河北省保定偏西，安国、深泽、安平、饶阳等地一带。

有关“齐丁公”，即是“齐太公子丁公”者，在前文已述。又由于《史记》已明确“丁公卒，子乙公得立”。那么，原文谓“齐丁公子居崔”者，就显然不是“乙公得”了；而“居崔”者又是何人？这显然是齐丁公的“支子”了。所以，可以肯定原文谓“齐丁公子居崔，因氏焉。”有误解，最起码其“子”太笼统了。

有人曾云、亦见网络及其他文载：

吕尚的儿子丁公佶，是齐国的第二代国君，他的嫡子叫季子，本来应该继承君位，但却让位给弟弟叔乙（即乙公得），而自己则住食采地崔邑（今山东章丘县西北），后来以邑为氏，就是崔氏。

“吕尚”，即史称“齐太公”；不过，“丁公佶”不知出自何典，最起码与《史记·齐太公世家》的“丁公吕伋”不相符，此其一便有错误。其二，所谓“丁公”的“嫡子叫季子”，在《史记》中却完全没有记载；而且，“嫡子叫季子”更有违自周代始乃至春秋战国时期的兄弟常以“伯、仲、叔、季”的通称，疑为不实。

反而，“崔杼”，在《史记·齐太公世家》篇中有记载（摘要）：

> 初，崔杼有宠于惠公……

“齐惠公”，在位东周春秋时（公元前608癸丑立元年，至公元前598癸亥）。

《史记·齐太公世家》文云：

> 懿公之立，骄，民不附。齐人废其子而迎公子元于卫，立之是为惠公。惠公，桓公子也。

因此而知，“崔杼”，在未受封邑之前；既是齐大夫，又可称公子杼。

《史记·晋世家》的《注释》的介绍更明了：“崔杼”，齐国公族，齐丁公后裔。食邑于崔（在今山东章丘西北），因以为氏。谥武，亦称崔武子。

这也说明了，公子杼在封（崔）邑之后，其家族便以邑为氏，崔姓氏族则立，也才有“崔杼”之称。所以，原文谓“后有崔杼”也是一种误解。

而且，公子杼不仅为崔姓氏族的始祖，连他的封邑，也是“宗邑”、即崔氏宗庙所在之地。

见《史记·齐太公世家》（摘要）：

> 景公元年，初，崔杼生子成及强，其母死，取东郭女，生明。东郭女使其前夫子无咎与其弟偃相崔氏。成有罪，二相急治之。成请老于崔，崔杼许之，二相弗听，曰："崔，宗邑，不可。"……

其《注释》有道："宗邑"，崔氏宗庙所在之地。

程

原文："程"商音。安定郡。系出高阳氏。颛顼孙重黎为尧南正司火之官，世封程伯。周有程伯休父，晋有程婴。

考释：古时安定郡，在今宁夏回族自治区固原地区。

前文已述，所谓"高阳氏"，即《史记》之"帝颛项高阳"。在《史记·楚世家》篇道（摘要）：

> 高阳者，黄帝之孙，昌意之子也。高阳生称，称生卷章，卷章生重黎。重黎为帝喾高辛居火正……

包括原文谓之"颛项孙重黎为尧南正司火之官，世封程伯。"

然而，这些记载和说法，均出自"史前史"的所谓传说，亦包括讹传。

事实上，司马迁继其父司马谈为太史令后，作《史记》各篇，的确有不少误解之处，尤其在《史记·太史公自序》

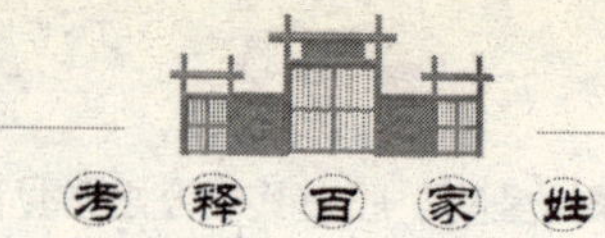

篇云："司马氏世典周史"。

其《注释》指出："司马氏世典周史"，此说不可信。司马氏祖光当是管军事，而不可能典史职，这是司马迁父子为太史令后，美化祖先的说法。

不过，原文谓"世封程伯"，却在《史记·太史公自序》篇中得到正确的解读：

其在周，程伯休甫其后也。

可见，原文谓之"程伯休父"，其实是"程伯休甫"之误。而所谓"世封"即"其在周"，即自周初大分封始。事实上，封爵号，亦由周代始。正如《注释》道：

"程伯休甫"，程，国名。伯，爵名，休甫，人名，传说是重黎的后裔，封为程伯。

"程"，今河南洛阳市东，一说在今陕西咸阳市东。

因而，程姓氏族以国为氏，应成立于周初大分封之时，始祖程伯，即休甫者也。

陆

原文："陆"角音。河南郡。齐宣王封少子季逵于平陆，即古陆终氏之墟，其后以陆为氏。汉有陆贾，晋有陆机、陆云。

考释：古时河南郡，在今河南省洛阳以北一带。

“齐宣王”，即东周战国时的“田齐宣王”（公元前320辛丑立元年，至公元前302已未）。

《史记·田敬仲完世家》记之（摘要）：

三十六年，威王卒，子宣王辟疆立……十九年，宣王卒，子湣王地立。

其《注释》则考证道：“湣王地”，《史记索隐》引《世本》云名遂。

原文谓“齐宣王封少子季逵于平陆，即古陆终氏之墟”；查“平陆”，在今山东汶上县以北。“季”即系少子，名逵，无误。

至于“古陆终氏”，及上文“程”姓氏篇中，“重黎”的弟弟吴回的后裔。在《史记·楚世家》有述：

吴回生陆终。陆终生子六人，坼剖而产焉。

其《注释》引证之：《水经·洧水注》引《世本》谓“陆终娶于鬼方之妹，谓之女嬇，是生六子，孕三年，启其左胁，三人出焉；启其右胁，三人出焉”，即其事。

“其后以陆为氏”，应是季逵家族以邑为氏，“陆”，则取“平陆”之简称而已。

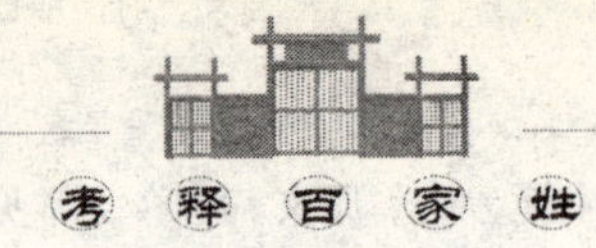

焦

原文：“焦”角音。中山郡。系出神农氏。周武王封神农之后于焦，后以国为氏。汉有焦先。

考释：古时中山郡，在今河北省容城附近一带。

“神农氏”，在《中国通史·原始社会、人物图鉴》有介绍：

神农氏，一说即炎帝。或谓三皇（为“王”之误）之一，或谓五帝之一。远古部落首领。一作烈山氏、厉山氏。

传说神农氏为农业及医药发明者。世传神农氏“人身牛首”。那时，人民众多而禽兽缺乏，衣食不足，疾病流行。他以天两雨之粟，耕而种之，又砍木为耕，楺木为来，以垦草莽，教人民播种五谷，传授打井技术；并尝百草酸咸，察水土甘苦，一日遭遇七十余次毒害，为的是创立医药学。又以日中为市集，招集天下的民众，聚天下的百货，交易而归，各得其所。亦说神农氏活了120岁，纳奔水氏之女为妃，生帝哀。

关于“周武王封神农之后于焦，后以国为氏”，可见《史记·周本纪》篇中记载（摘要）：

……记政事，作《武成》。封诸侯，班赐宗彝，作《分殷之器物》。武王追思先圣王，乃褒封神农之后于焦……

《注释》解之：

“褒封”，嘉封。“神农”，传说人物，一说即炎帝。“焦”，国名，在今河南陕县西。

甘

原文：“甘”宫音。渤海郡。夏有甘国，其后甘盘为武丁师。又周惠王弟叔带封于甘，后以为氏。秦有甘罗，汉有甘延寿。

考释：古时渤海郡，在今河北省沧州以北、青县以南一带地区。

前文已阐明，在周代之前，即封建制度及宗法制尚未制定以前，又即是史称“周初大分封”之前的夏、商时，均不存在“封国”的现象。即使后世称之有“方国”，其实，按商之卜辞中记录，不称“国”，只称“方”或“邦方”。

所以，原文谓“夏有甘国”完全是一种误解。

况且，夏、商历史已界定为奴隶制社会，也是不可能有“以国为氏”、“以邑为氏”等的条件与氛围。

故此，原文继而又说“周惠王弟叔带封于甘，后以为氏，”可见证于史料及《史记》。

《史记·晋世家》篇中曾有交代：

> 文公修政，施惠百姓。赏从亡者及功臣，大者封

邑，小者尊爵。未尽行赏，周襄王以弟带难出居郑地，来告急晋。

《注释》考证云："带"，亦称子带、太叔、叔带、太叔带、王子带，谥昭，封于甘（今河南洛阳南），又称甘昭公，周惠王之子，周襄王之弟，颇受惠后宠爱。

因而可知，甘姓氏族是以邑为氏，形成于东周春秋时的周襄王在位（公元前651庚午至公元前619壬寅）期间，其始祖则是周惠王支子、周襄王之弟——叔带，又称"甘昭公"。

刘

原文："刘"宫音。彭城郡。系出陶唐氏。尧后有刘累，至周为唐杜氏，杜隰仕晋为士师，又为士氏。士氏之后，复姓刘氏，又周定王母弟刘康公之后，亦为刘氏。汉高祖乃士会之后也。

考释：古时彭城郡，在今江苏省徐州西一带。

所谓"尧后有刘累"乃传说而已。至于"至周为唐杜氏，杜隰仕晋为士师，又为士氏"之说，可见《史记·晋世家》篇文载：

八年，士蒍说公曰："故晋之群公子多，不诛，乱且起。"

以及其《注释》："士芀"，字子与，传说为陶唐后裔，祁姓，其父隰叔避难至晋，任士师（亦称理，职掌刑狱司法之官），故以官为氏。

"隰叔"即是"杜隰"，以国为氏。而"杜"，西周古国，在陕西省西安市东南。"唐"，古国名，祁姓，相传为尧的后裔，在今山西省翼城西。

关于"唐"与"晋"的关系，则可见于《史记·周本纪》的《注释》道：

"晋唐叔"，名虞，成王灭唐，封之于唐，故称唐叔，后唐又改称晋。

在《史记·亚世家》篇又有云（摘要）：

> 晋唐叔虞者，周武王子而成王弟……于是遂封叔虞于唐。唐在河、汾之东，方百里，故曰唐叔虞。姓姬氏，字子于……唐叔子燮，是为晋侯。

其《注释》考证之：

"是为晋侯"，传说唐叔虞之子燮以封地境内有晋水遂改国号为晋，自称晋侯。《汉书·地理志下》云："唐有晋水，及叔虞子燮为晋侯云。"

所以，原文谓"士氏之后，复姓刘氏"，其"复"即指原之传说中之刘累。其实，应是唐叔虞的支庶根据"尧后有刘累"的传说而"以祖（姓）为氏"罢了。

詹

原文：“詹”羽音。河间郡。系出姬氏。周宣王支子封子詹，世为周大夫。楚有詹尹。

考释：古时河间郡，在今河北省石家庄东南、衡水偏东一带地区。

原文为“周宣王支子封于詹”，查无据，有讹传或引自误解之嫌疑。

在《史记·晋世家》篇中文述：

> 过郑，郑文公弗礼。郑叔瞻谏其君曰：“晋公子贤，而其从者皆国相；且又同姓，郑之出自厉王，而晋之出自武王。”

《注释》有考证言之：“过郑”，按本书（即《史记》）《十二诸侯年表》、《郑世家》，重耳（即晋文公）过郑皆系于郑文公三十六年，即公元前637年。“郑文公”，名踕（或作“捷”、“接”、“椄”），郑厉公之子，公元前672年至公元前628年在位。

“郑之出自厉王”，郑国始封君郑桓公友是周厉王的小儿子，故云。

“厉王”，即周厉王，名胡，周夷王之子，死于公元前828年，在位37年。

“叔瞻”，或作“叔詹”，郑国执政大臣。

故此，原文谓“世为周大夫”也太笼统了。其实，“叔瞻”是在东周春秋时的郑国卿大夫（“郑”属周天子之下的诸侯国，相对之言称之为“小国”，小国也称“次国”，次国之卿，简称“下卿”）。

既然“瞻”，即是“詹”且简，又按《史记》所述的年期，“叔詹”不可能是所谓“周宣王支子”，充其量也只可能是周惠王的支（或庶）子之列。

所以“詹”并非以国为氏，而是以（祖）字为氏，其始祖为叔詹；其詹姓氏族也应形成于郑文公在位期间。

叶

原文：“叶”羽音。南阳郡，系出沈氏。楚沈诸梁封于叶，号叶公，子孙以邑为氏。

考释：古时南阳郡，在今河北省容城附近一带。

在《史记·陈杞世家》篇有述：

> 二十三年，楚之白公胜杀令尹子西、子綦，袭惠王。叶公攻败白公，白公自杀。

其《注释》作介绍：

“叶公”，字子高，名诸梁，又称沈诸梁，食采于叶，僭称公，楚左司马沈尹戌之子。叶，楚邑，今河南省叶县。

"惠王"，名章，昭王子，又称熊章，楚惠王，在位五十七年。

再查《中国历史年代简表》而知，所谓"二十三年"，就是史称陈湣公登基后的二十三年，即公元前479壬戌。而"昭王"即楚昭王，于公元前515丙戌至公元前488癸丑在位；"惠王"即楚惠王，则于公元前488癸丑立元年。

因此，叶姓氏族应形成于东周春秋时楚惠王在位之时。

黎

原文："黎"徵音。京兆郡。系出高阳氏颛顼孙北正黎之后，封黎阳为黎国，子孙以国为氏。又有黎丘氏。

考释：古时京兆郡，在今陕西省西安以南、长安以北一带。

原文谓"系出高阳氏颛顼孙北正黎之后"的"重黎"，也即是《史记·楚世家》司马迁笔下的"重黎为帝喾高辛居火正"者。

前文已阐明，"五行说"由东周战国时始，汉代司马迁却错误地沿用之并超前套写"五帝"及"五行之官"，令"史前史"的传说产生了讹传，原文之说就是一例。

其实，"正"为官号，据考证，最早也见于夏、商时代。

原文继而谓"封黎阳为黎国"，既无交代什么朝代，也查无出处；所以，不可信。

见《史记·宋微子世家》篇有述：

> 纣既立，不明，淫乱于政，微子数谏，纣不听。及祖伊以周西伯昌之修德，灭阢国，惧祸至，以告纣。

如此说之，所谓“阢国”则在商殷时的“方”或称“邦方”了。因为，前文也已阐明，在商代，所谓“国”（司马迁称之），根据商代的卜辞，商称它们为方或邦方而已。

《注释》介绍道：

“祖伊”，殷纣王的臣子。“西伯昌”，即周文王姬昌。殷纣王时，姬昌为西伯。

其实，姬昌，实为殷纣王时的一个西“方”或“部族”的首领，而所谓“阢国”也与当时的“周”部族一样为其中的一“方”罢了。

也许，司马迁撰写《史记》各篇时，还未发掘出卜辞〔卜辞上的文字又称甲骨文，在上世纪20~30年代，位于河南省安阳市小屯村（又称“殷墟”）才发掘出土〕，将商殷之“方”称之为国，尚且情有可原。故此《注释》道：

“阢”，音qí，一作“黎”，古国名。其地在今山西省长治市西南。

既然，“阢”又作“黎”，“阢方”称“阢国”；那么，阢国即是黎国，就不存在争议了。不过，“子孙以国为氏”应在周初大分封时，才有黎姓氏族形成的条件、氛围和道理。

白

原文：“白”商音。南阳郡。系出嬴姓。秦文公子白之后，有白乙丙。又楚平王孙胜封白公，后亦有白氏。唐有白居易。

考释：古时南阳郡，在今河北省容城附近一带。

原文谓“秦文公子白”，完全是“秦武公子白”之误。

在《史记·秦本纪》篇中有述（摘要）：

> 四十八年，文公太子卒，赐谥为竫公，竫公之长子为太子，是文公孙也。五十年，文公卒，葬西山。竫公子立，是为宁公。
>
> 二十年，武公卒，葬雍平阳……有子一人，名曰白。白不立，封平阳。立其弟德公。

查《中国历史年代简表》：

上文之“四十八年”，即秦文公四十八年，也即是公元前718癸亥。而武公之“二十年”，却已是公元前678癸卯了，相隔40多年。

何况，“秦文公子白”根本不存在，其误解程度是十分严重的。

原文继而谓“秦文公子白之后，有白乙丙”，就更加错误了。

因为，按《史记·秦本纪》的记载（摘要）：

……蹇叔子西乞术及白乙丙将兵……

“蹇叔”，系秦穆公（缪公）时秦上大夫；“白乙丙”则是他的儿子。而且，《注释》举证：

“西乞术及白乙丙”，在《左传》僖公三十二年作“西乞”、“白乙”。西乞、白乙是字，术、丙是名。

这足以证明，无论“蹇叔”，还是“蹇叔子西乞术及白乙丙”，均不见得为白姓或称白氏。

事实上，原文谓“又楚平王孙胜封白公”本来是正确的；但，继而言之“后亦有白氏”，则显然优柔寡断了。

在《史记·楚世家》篇中述之：

惠王二年，子西召故平王太子建之子胜于吴，以为巢大夫，号曰白公。

“子西”即是令尹子西。而“令尹”则是始于楚官制之“楚相”。《注释》更有解之：

令尹，楚相。“令尹子西”，即公子申（字子西。《左传》昭公二十六年杜预注谓子西是平王长庶。《国语·楚语》亦谓子西是平王之子、昭王之庶兄。）

“白”，楚县，在今河南息县东。

其实，“楚平王孙胜封白公”，即是平王太子建之子胜，号曰白公，也就是楚制所特有“县公”之称，权责甚重。

见《注释》介绍：

春秋以来，楚国往往把新占领的国家改造成边防军事重镇，由王派遣专门的县公驻守。

而且，引致史称：“县郡制”亦由此而起。到秦汉时，“县公”演变分为“县令”和“县长”两级，均为县的行政长官；万户以上的大县称“令”，少于万户的小县称“长”

据《汉书·高帝纪》记载，“大夫”，在秦制爵分二十级中，为第五级。公大夫与县令、丞抗礼，大夫爵级接近公大夫，其资格也可与县令、丞交接。

所以，白公的家族引以为荣、并以邑为氏，“白公”则是白姓氏族理所当然的始祖了，时在楚惠王二年，即公元前487甲寅左右。

谭

原文：“谭”角音。齐郡。原出嬴姓。颛顼之后，周有谭国，后以为氏。

考释：古时齐郡，在今山东省淄博一带地区。

“周有谭国”，其实，“谭国”即《史记》中的“原国”；“谭伯”，最先见《国语中》韦昭注以为“原伯”。(见《注释》)

在《史记·周本纪》篇中，有述：

> 十五年，王降翟师以伐郑。王德翟人，将以其女为

后。富辰谏曰："平、桓、庄、惠皆受郑劳，王弃亲亲翟，不可从。"王不听。十六年，王绌翟后，翟人来诛，杀谭伯。富辰曰："吾数谏不从，如是不出，王以我为怼乎？"乃以其属死之。

其《注释》举证之：

《左传》僖公二十四年："秋、颓叔、桃子奉大叔以狄师伐周，大败周师，获周公忌父、原伯、毛伯、富辰。"

"乃以其属死之"，指富辰与周公忌父、原伯、毛伯一起死于戍难。亦见于《左传》僖公二十四年、《国语·周语中》。

因此，司马迁不慎将"原伯"误写作为"谭伯"；不过，除非"原"、"谭"古相通就不得而知了。

"原"，在《史记·晋世家》的《注释》中有介绍：

"原"，国名，姬姓，始封君为周文王之子，西周初所封诸侯国，初在今山西沁水，后迁于今河南济源西北。

既然，司马迁笔下、即《史记》将"原伯"称"谭伯"，又"原国"即"谭国"而述之；那么，"谭"就不是系出嬴姓，而是系出姬姓。

所以，谭姓氏族形成于周初大分封之时，其始祖"谭伯"为周文王之子、即也是武王之弟，以国为氏。不过，这不一定是完美的结论。

雍

原文：“雍”角音。京兆郡。系出姞姓。雍纠仕郑，封于雍，以邑为氏。齐有雍巫；汉有雍齿，封什邡侯。姞，音吉。

考释：古时京兆郡，在今陕西省西安以南、长安以北一带地区。

“雍纠仕郑”，可见于《史记·郑世家》篇文：

> 厉公四年，祭仲专国政，厉公患之，阴使其婿雍纠欲杀祭仲。

其《注释》有介绍：

“祭仲”，名足，亦称祭足、祭仲足，原是祭邑封人，后得到郑庄公宠信，任卿。而“婿”，女儿的丈夫。

然而，原文继而谓之“封于雍，以邑为氏”却是十分错误的。

因为，在“雍纠”之前，有见《史记·郑世家》已述：

> 庄公又聚宋雍氏之女，生厉公突。雍氏有宠于宋。

这说明在雍纠之前，已有“宋雍氏”了。

其《注释》解之："雍氏"，姞姓，相传是黄帝子孙的后裔，时为宋国有权势的大夫。

故此，可以肯定"封于雍，以邑为氏"者，不是"雍纠"，而是雍纠的前辈。"雍"，在今陕西凤翔南。

温

原文："温"商音。平原郡。系出姬姓。周畿内诸侯，以国为氏。晋有温峤。

考释：古时平原郡，在今山东省济阳偏西北，与德州之间一带地区。

按《史记·郑世家》篇文：

> 五年，燕、卫与周惠王弟颓伐王，王出奔温，立弟颓为王。

由于司马迁有误，所以《注释》作考证：

"颓"又称子颓、王颓、王子颓，周庄王妾王姚之子，周釐王之庶弟，得到庄王宠爱，公元前675年被部分反对周惠王的大臣拥立为王，公元前673年被前来攻伐的郑、虢之兵杀死。按颓为周惠王叔父，此谓弟，有误。

"温"，国名，周武王时苏忿生受封都于此，在今河南温县西南。按《左传》庄公十九年载奔温者，为颓，而非周惠王。

“苏忿生，”则是周武王时的司寇。根据《中国通史·西周的政治制度·官制》介绍：

司寇，主要职责是掌管刑法，解释国家法典，防范和镇压人民反抗，维护社会治安，作为全国最高司法机构，是后世刑部的前身。

所以，温姓氏族以国为氏，形成于周初大分封之时，其始祖为苏忿生，也称忿生公。

庄

原文：“庄”徵音。天水郡。系出芈姓。楚庄王之裔，以谥为氏。后有庄周、庄跻，齐有庄贾。

考释：古时天水郡，在今陕西省天水一带地区。

“系出芈姓”，可见《史记·楚世家》篇中文述（摘要）：

> 吴回生陆终。陆终生子六人……六曰季连，芈姓，楚其后也。

“楚庄王”，也有其记载（摘要）：

> 穆王立……八年，伐陈。十二年，卒。子庄王侣立。

《注释》则考证道：

“庄王侣”，《春秋》、《左传》、《公羊传》宣公十八年“侣”作“旅”，《谷梁传》宣公十八年“侣”作“吕”

然而，原文为“楚庄王之裔，以谥为氏”却是一种误解。

因为，“庄王”为侣登基之君号，而不是死后的谥号。

故此，庄姓氏族形成于楚庄王的支子、即楚共王的庶弟家族，以父（君）号为氏，乃自然而然的事情。时在楚共王（公元前590辛未至公元前559壬寅）在位期间，即东周春秋时。

郭

原文：“郭”商音。太原郡。系出姬姓。武王封王季次子虢仲于东虢，虢叔为西虢，召曰二虢。后虢叔之国改号郭，支子以国为氏。汉有郭解、郭泰，唐有郭子仪；五代有郭威，为周太祖。

考释：古时太原郡，在今山西省太原以及西南一带，郡治晋阳。

《史记·周本纪》记载道：

> 古公有长子曰太伯，次曰虞仲。太姜生少子季历……古公卒，季历立，是为公季。公季修古公遗业，笃于引义，诸侯顺之。

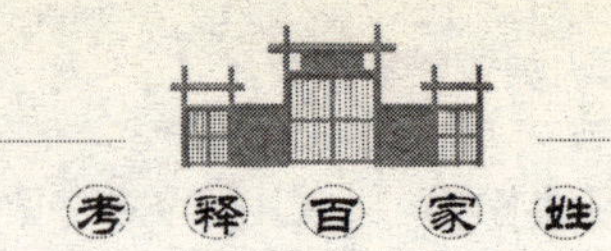

公季卒，子昌立，是为西伯。西伯曰文王，遵后稷、公刘之业，则古公、公季之法，笃仁，敬老，慈少。

“古公”，即周太王。“太姜”，古公之妃，春秋时，孔子《诗·大雅·绵》称“姜女”；《诗·大雅·思齐》又称“周姜”。“西伯曰文王”系周武王之父：“西伯崩，太子发立，是为武王。”（见《史记·周本纪》）

古时，兄弟以伯、仲、叔、季相次。“原文”称“王季”者，即《史记》中的“季历”又称“王季历”，见于《史记·吴太伯世家》篇的《注释》：

“王季历”，历，为周太王之末子，故称“季历”。又因其孙武王发灭殷称王，故追称“王季历”。

笔者再根据《史记·吴太伯世家》和相关注释，发现“原文”对“虢叔”以及“后虢叔之国改号郭，支子以国为氏”的说法有误；而正确的解释且确凿的证据是：

“虢”，周文王弟虢仲所封国，原在今陕西宝鸡，周平王东迁时，亦随迁至今河南陕县。上世纪50年代、即1956、1957年，在陕县东不到五公里的上村岭发现了大批虢国葬群，由其所出青铜器铭文和东迁之虢国即在这一带（参见李学勤《东周与秦代文明》第五章“晋附近列国”，文物出版社，1984年出版）。

事实上，“虢国”，是“周文王弟虢仲所封国”，而不是“后虢叔之国改号郭”；“虢国”乃立于周初为巩固统治，在全国大规模分封诸侯，即所谓“封邦建国”之时（见《中国通史·周初大分封》）。

“虢”与“郭”同音。“虢”，既然是周代诸侯国，而周初大分封的目的是“封建亲戚，以蕃屏周”。每个诸侯国是统治各地的据点，又起着拱卫周王的作用。这样，“郭”——指城外围着城的墙，正好与“拱卫周王的作用”一样；“郭”不仅与“虢”同音，其表达的意思更贴切不过。所以，“虢国”又称“郭国”，根本无须“改号”，而“以国为氏”也就名副其实了。并且，确认了郭姓氏族的始祖——虢仲，人们便一目了然，也避免了不必要的误会。

林

原文：“林”宫音。西河郡。系出子姓。王子比干子坚，避乱居长林山，因姓林氏。鲁有林放，孔子弟子。

考释：古时西河郡，辖今陕西北部、山西西北部及内蒙古准格尔旗、伊金霍洛旗等部分地区。

“王子比干”，据说是殷商末商纣王的叔父。他是前商王帝太丁之子，故称王子（见《史记·殷本纪》）。

由于纣王的残暴，加速了商朝走向灭亡。这时候，在西部渭水中游黄土高原上的一个部落却正在一天天地强盛起来，这就是“周”。

尤其是，当姜尚（又称“姜太公”、名“吕尚”）成了周文王（“文王”系后追之谥号）的好帮手后，他提倡一面生产，一面训练兵马，实施“励精图治”，使周族的势力更加日益壮大。

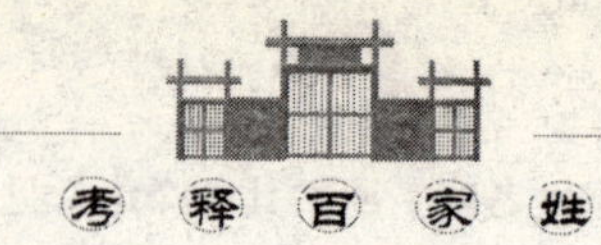

当时，王子比干曾多次进谏纣王；但，纣王不听，甚至“剖比干观其心”。《史记·殷本纪》有记载：

> 西伯（笔者注：即是周文王）归，乃阴（积）德行善，诸侯多叛纣而往归西伯。西伯滋大，纣由是稍失权重。王子比干谏，弗听。商客贤者，百姓爱之，纣废之……
>
> 纣愈淫乱不止……比干曰：“为人臣者，不得不以死争”。乃强谏纣。纣怒曰：“吾闻圣人心有七窍”。剖比干，观其心。

王子比干被杀，箕子被囚为奴，微子启避祸出逃，连太师庇、少帅强也怀抱礼乐重器投奔周。比干的子孙更被迫“避乱居长林山”。

公元前 11 世纪、史称“牧野大战”，周族大胜商朝部队，并一举灭掉商朝。周武王（周文王之子）把“都”从丰（在今陕西长安县沣河以西）搬到镐京（今陕西省西安市西）建立周朝。

在周初、史称“周初大分封”时，前商朝贵族王子比干的子孙，虽然得不到册封（指分有封地、受之爵位或成为诸侯）和采邑（有采邑者，或为卿、或为大夫）；但仍然得到周武王的重视。《史记·周本纪》有道：

> 封商纣子禄父殷之余民……命闳夭封比干之墓。

“封”，即堆土立坟冢，以示尊敬、器重，更能安抚殷之余民。据《大礼·正义》引《括地志》，比干墓在今河南省汲县北十里。

在周代始兴的“以国为氏”、“以邑为氏”、“以官为氏”以及“以谥为氏”等等的氛围之中，王子比干的子孙则难忘“避乱居长林山”的艰苦日子，更不忘丛林的庇护，于是“因姓林氏”从“系出子姓”改为“以林为氏”，林姓氏族则立，王子比干子坚公为始祖。

钟

原文：“钟”角音。颍川郡。系出芊氏。楚公族钟建封于钟吾，其后为钟吾氏，或为钟氏。楚有钟仪、钟期，魏有钟繇。

考释：古时颍川郡，在今河南省周口市淮阳县一带。

笔者认为，原文作者犯了一个原则性而且很低级的错误：既然“楚公族钟建”早已为钟氏，再说下去，岂不是白费工夫?

并且，这种说法误导了读者，更存在滥竽充数之嫌，是不可取的。

据史料，钟姓氏族系出自子姓，是商汤的后裔。周武王灭商后，商纣王的庶兄微子被周成王封于原商都周围地区，建立了宋国，史称宋桓公。

《史记·宋微子世家》有记载：

周公既承周成王命诛武庚，杀管叔，放蔡叔，乃命微子开（启）代殷后，奉其先祀，作《微子之命》以申之，国于宋。微郭故能仁贤，乃代武庚，故殷之余民甚戴爱之。

其《注释》亦道：

“宋”，子姓。西周初年，周公东征平定武庚叛乱后，另立归顺周王朝的纣王庶兄微子启建立宋国，都商丘，统治原商都周围的殷商遗氏。宋保存殷商文化传统最多，被看做古代礼制的典范，受到诸侯尊重。

后来，微子启的后裔伯宗为晋国大夫，却因敢于直言遭人嫉恨而被害；伯宗的儿子州犁逃到楚任楚太宰，封邑在钟离（今安徽省凤阳县东北）。

据《左传》记载：

吴灭钟离、居巢在（周）平王十一年（即公元前760辛巳年）。

州犁的子孙于是以邑为氏、单称钟氏，代代相传（见《名贤氏族言行类稿》以及《新唐书·宰相世系表》）。

因而可知，钟姓氏族立于公元前760辛巳年左右，奉祀其始祖州犁公。

简

原文：“简”宫音。范阳郡。系出狐氏。晋大夫续简伯狐鞠居之后，以谥为氏。汉有简雍。

考释：古时范阳郡，在今北京市以西、河北省张家口偏南一带地区。

大夫，指古代官职名称，周代始，有士大夫，上大夫、卿大夫、三闾大夫等之称。例如，《史记·李斯列传》中的公孙支，字子桑，岐人（今陕西境内），寓居于晋。秦穆公收为谋臣，任大夫。蹇叔，也是岐人，寓居于宋，是百里奚（曾任虞国大夫，后秦穆公知他有才干，任他为相）的好友。经百里奚推荐，穆公厚礼聘为上大夫。

《论语·季氏》中孔子曰："……有国有家者……"是指有封地的诸侯，有采邑的卿大夫。

又如我国古代伟大诗人屈原，学识渊博，善于辞令，他在楚怀王时，曾任左徒、三闾大夫等要职。

在汉语中，鞠，有养育、抚养的意思，与鞫字的意思截然不同的。而且，史实上简狐是被鞫讯之人，所以应为"鞫居"而不是"鞠居"，即使古汉语"鞠"通"鞫"。但，笔者参考有关这段记载的古今书籍，均以"鞫居"见著，只发现《百家姓考略》一书用"鞠居"，故笔者认为此应为"鞫居"。

谥，前文已多次指出，指我国古代最高统治者或其他有地位的人死后，给他另起一个称号，叫"谥"，乃谥号之简称。

当代简氏姓族长者简笙簧先生对称简氏"系出狐氏。晋大夫续简伯狐鞫居之后，以谥为氏"诸如此类说法，颇有异议。他在《简氏源流考略》一文强调：《古今姓氏书辨（辩）》（宋·王应麟著）、《姓氏寻源》（清·张澍著）、《姓

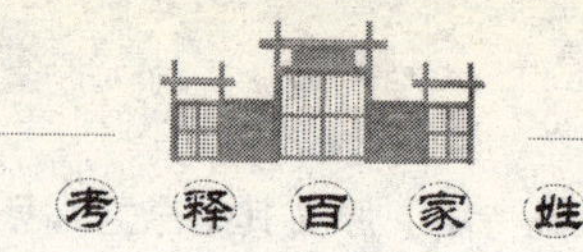

录》（王素存著）、《五百年前是一家》（彭桂芳著）所引用的《元和姓纂》（唐·林宝著）："简出于晋大夫狐鞫居，食采续邑，因号续简伯。"均错误。按《元和姓纂》（卷七）云："周大夫简师父（甫）之后。"这（便）可知这几本著者，引用书籍，并没有引用原书，而相互抄袭，一家有错，其余他家全错。其中《五百年前是一家》错得更离符（谱），其书谓："狐鞫居，食邑于续，谥简伯。"（其实）简伯并不见得从狐鞫居开始，而且，狐鞫居最后被处死，怎么有可能谥简伯呢？

简笙簧先生并指出，宋·郑樵《通志》首先提出："简为晋大夫狐鞫居续简伯之后。"影响后人的看法极大，古今图书集成，姓氏详注，《中文大辞典》均引用《通志》的说法。可惜我们没有办法了解，郑樵是引用什么资料，或依据什么理由来说明简氏为狐鞫居的后代。事实上，狐鞫居为续邑的简伯，续邑是采邑（之后继），简是以谥为氏，伯是封爵，（这）也就是说，狐鞫居曾为食采邑于续的简伯，而这个简伯并不能确定是由狐鞫居开始，恐怕在狐鞫居之前就有这个爵位的存在，此其一。狐鞫居和狐射姑是同族，狐氏自狐偃以来，在晋国是赫赫大族，狐鞫居有可能放弃狐氏而就简氏吗？此其二。狐鞫居受狐射姑的唆使，杀死晋大夫阳处父，因而被赵盾处死，连带其家人也可能遭到同样命运，这可由（当时）狐射姑奔狄，晋人要将其家人全部处死（一事）推论之。所以，狐鞫居是否还有后代，如果有的话，（又）是否仍可保留在续的采邑和简伯的爵位，很使人怀疑！此其三。

简笙簧先生同时论证道：简氏由来已久，著见于史籍。

最早有殷契母简狄，她是有娀氏的女儿，相传为帝喾的妃子（注：《史记》卷三），惟历史悠远，简氏是否由简狄开宗，无人稽考。春秋时鲁大夫简叔，事迹不著（按《左传》无此人）。到今日简氏源流的说法，最为一般人所公认，而且纷论不定者，有春秋时周大夫简师父（甫）和晋大夫狐鞫居（续邑简伯）……

简师父事迹可见于鲁厘公二十四年（周襄王十六年，即公元前636年）冬天，周襄王被同母弟带篡得王位，襄王出奔郑国，居住在汜的地方，派简师父投告晋国，请求援助，第二年得到晋国的帮助，襄王得以回归王城而杀带。概简和晋祖姓均为姬，而晋是以国为氏，简是以谥为氏，晋、简都是庶姓，所以襄王派简师父向晋求援，即可用同宗的关系，而（便）较易达成任务（注：《左传》卷十二）。

（而之所以认为）狐鞫居为续邑的简伯，续是采邑，简是以谥（简师甫）为氏，伯是爵位；（因）晋襄王三年（周襄王二十七年，即公元前625年）秦将孟明视率兵攻打晋国，以回报殽役（笔者注：即《左传》中的秦晋殽之战）的失败。晋襄公亲统中军，无地御戎，赵衰为佐，狐鞫居为右（按殽役，莱驹为右，因斩秦囚失戈，狼瞫取戈斩囚，襄公以禽为右，到了箕役，先轸以狐鞫居代禽为右，狼瞫非常不满）。和秦师战于彭衙，秦师大败。晋襄公七年，阳处父在夷地废二军为三军制，以狐偃子狐射姑领中军（按阳处父以前是赵衰的属下，所以和赵盾同党派）。八月襄公死，灵公年幼，赵盾主张立公子雍，狐射姑则主张立公子乐，并派人到陈国迎回公子乐，行至郫（郫?）地被赵盾派人杀了。狐射姑怨恨阳处父变更他的位置（易中军为佐），使他在政争中失败，因而唆使狐鞫居（和射姑同宗族）杀死阳处父。十月襄公出葬，灵公即位，赵盾当政，十一月杀续简伯狐鞫居，狐射姑逃往狄（注：《左传》卷十五）。

如由时间的先后而言，简师父事迹见于鲁厘公二十四年（即公元前636年），狐鞫居事迹见于鲁文公二年（即公元前625年），简师父事迹见著比狐鞫居早11年。

因此，简笙簧先生便作出结论：考证源流最好的方法，是追溯它的渊源，今将简师父与续简伯（的）狐鞫居的事迹列之，不仅从时间上，而且在地理上也可以作比较和分析。至于简师父是否有食邑，不得而知，只能知道当时东周首都在河南洛阳附近；又至于狐鞫居食采邑于续，续在何处也不可考，亦只知道当时晋国都在今山西省翼县一带，两地虽然相距150公里，但对整个华北而言，均处于西南方。所以，我们只能说，论时间，简师父最早，而狐鞫居则续邑简伯，他们又是否为简氏的先后开宗祖，的确有许多可疑处，不应随便就下结论为宜。

现存我国历代记载姓氏的书籍很多，有关简氏源流资料的粗略如下：

唐代，林宝《元和姓纂》卷七："周大夫简师父之后。"

宋代，王应麟《姓氏急就篇》卷三："鲁大夫简叔，周有简师，《蜀志》简雍……"

邵恩《姓解》卷二："帝喾妃简狄生契，《左传》有鲁大夫简叔，《蜀志》简雍。"

洪景修《姓氏遥华韵》卷九："简狄飞蓝坠卵而吞生契，为商之祖，毛诗天命元鸟，降而生商，简叔鲁大夫，简雍幽州人……"

郑樵《通志》卷二十八："姬姓，晋大夫狐鞫居之后也，狐鞫居号续简伯，续邑也，简谥也。汉有简卿，《蜀志》简雍……"

邓名世《古今姓氏书辩证》卷二十五："元和姓纂曰'晋大夫狐鞫居，食采续邑，号为简伯'误矣！师父鞫居皆春秋时人，而师父在前已为简氏。"

明代，陈士元《姓觿》卷五："姓谱云：'鲁大夫简叔之后。'姓源云：'周大夫简师父后。'姓考云'晋大夫续简伯之后。'《千家姓》云：'范阳族汉有简卿。'"

凌迪知《万姓统谱》第1191页："范阳续简伯之后，又望出涿郡。"

杨慎希《姓录》第14页："简叔鲁大夫，其后西汉简卿受书于倪宽，三国有简雍。"

清代，《康熙字典·竹部》："周大夫简师父，鲁大夫简叔。"

李魁第《姓氏族谱合编》卷十："范阳涿郡简氏，系出狐氏，晋大夫续简伯之后，鲁大夫简叔。"

张澍《姓氏寻源》卷二十八："姓纂云：'简出于狐鞫居续简伯。'澍按简出于简师父，鲁有简叔，其后亦或以为氏……"

近代，王素存《姓录》第148页："姓纂：'左传晋大夫狐鞫居，食采续邑，因号续简伯，汉有简卿，简姓为此，生出涿郡。'姓氏考略：'一云简出于简师父，鲁有简叔，其后亦以为氏，望出范阳。'"

彭桂芳《五百年前是一家》第1682页："姓纂指出：'左传晋大夫狐鞫居，食邑于续，谥曰简伯，子孙因以为氏

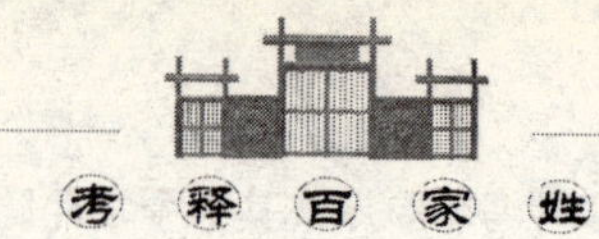

焉'考狐氏之先，出自周武王之子，成王之弟唐叔也。另外，马仰溪简姓世学则指出：'简姓为春秋时晋大夫续简伯之后，晋与周为姬姓，盖后稷之子孙，而黄帝之苗裔也，其后或在范阳或在涿郡。'"

笔者更注意到，简笙簧先生在论证时，十分重视《左传》的记事并加以分析；所以，笔者以为，他的观点是较务实，也较中肯的。因为，《左传》是为人公认的先秦历史散文名著。司马迁、班固都说是春秋末年鲁国人左丘明为阐明孔子的《春秋》而作，但唐宋以来不断有人对此表示怀疑，近人多认为它是战国初年人根据各国史料编纂而成。

《左传》编年纪事，自鲁隐公元年（公元前 722 年）起，到鲁悼公十四年（公元前 454 年）止，共 269 年。它所记的内容涉及东周王朝及诸侯各国之间政治、军事、外交等许多方面。同时，它对于当时的社会现实，诸如统治集团的内部矛盾，统治者的荒淫残暴，以及频繁的诸侯争霸战争，等等，都作了比较真实的反映和相当具体的叙述，具有重要的历史价值。

同时，笔者同意《粤东简氏大同谱·简氏姓族考》的说法：简氏之族，春秋时周大夫简师甫之后也……周书，谥法篇曰，一德不懈曰简，平易不訾曰简，盖师甫之先，有谥简者，因以为氏也……师甫为周大夫，其系在东周畿内地，大夫之后，从东周迁涿郡，则范阳也，汉志，涿郡范阳县属幽州，三国时同其地，古燕国城，魏改曰范阳郡涿县，天下称族者，于我族著范阳之望，其斯为地。

欧

原文：“欧”商音。平阳郡。原出欧冶氏。欧冶、欧阳，皆复姓。后又改为欧氏。

考释：古时平阳郡，在今山西省侯马以北，霍县以南的汾河流域地区一带。

看来，有关欧氏的由来，“原文”明显缺乏有力的理据，其所谓的“考略”也根本不到位，大失众望。

其实，在《史记·赵世家》篇中有记载：

> 秦将白起……二十六年，取东胡欧代地。

“白起”，秦郿人，穰侯任举，为秦代名将，封为武安君（见《史记·白起王翦列传》）。“二十六年”，指赵惠文王二十六年，即公元前273戊子年。

“欧”，古字为“瓯”，与今“欧”相通。当时，东胡、匈奴之间有地名瓯脱，有瓯脱王辖之（见《史记·匈奴列传》）。

《史记·匈奴列传》及《史记·赵世家》的《注释》有道：

“东胡”，属于通古斯种的古代民族，居匈奴之东。“匈奴”，生息在我国北方的古代民族之一。在先秦典籍中，如《周书》、《山海经》，早就有关于匈奴的记载。“匈奴，其先

祖夏后氏之苗裔也”，距今约四千年前，陶唐氏部落领袖尧、有虞氏部落领袖舜和夏后氏部落领袖鲧和禹父子，在今山西南部和河南西部建立华夏部落联盟，尧是领袖（也称部落联盟首领）。

周代时，将南方百越族称之为“南蛮”，而北方的匈奴，东胡等则称为“北蛮”，均统称之“蛮服”。

可见《周礼·夏官·职方氏》把邦国的地域，自近至远，划分为九服。蛮服距离天子京畿四千五百里……的记载。

故此，足已证实，在公元前273年之前，欧姓氏族已形成（以邑为氏或以国为氏）且自立为国（欧脱王）了。

欧阳

原文：“欧阳”宫音。渤海郡。系出姒姓。越王无彊孙，封于欧馀山之阳，后为欧阳氏。汉有欧阳生。

考释：古时渤海郡，在今河北省沧州以北、青县以南一带地区。

“越王无彊”，见于《史记·越王句践世家》篇中记载：

> 句践卒，子王鼫与立。王鼫与卒，子王不寿立。王不寿卒，子王翁立。王翁卒；子王翳立。王翳卒，子王之侯立。王之侯卒，子王无彊立。

王无彊时，越兴师北伐齐，西伐楚，与中国争强。

“中国”，古时即中原诸国。

可是，王无彊终不敌楚，也见于史记：

> 于是越遂释齐而伐楚。楚威王兴兵而伐之，大败越，杀王无彊，尽取故吴地区至浙江，北破齐于徐州。

《注释》介绍道：

“楚威王”，战国时楚国国君，名熊商。公元前339年至公元前320年在位。

至于“越王无彊孙”、“后为欧阳氏”的理由：其一，正如原文谓“封于欧馀山之阳”；其二，关键在于“楚威王兴兵而伐之，大败越，杀王无彊，尽取故吴地至浙江”时，称为“欧阳氏”而避难而已。

故此，欧阳姓氏族形成于东周战国、楚威王在位期间，系越王无彊之孙其家族被逼所为、也是明智之举。

司马

原文：“司马”徵音。河内郡。周程伯休父为周司马，以官为氏。秦有司马卬，汉有司马迁。

考释：古时河内郡，在今河南省武陟西南，治所在怀县。

原文谓“周程伯休父为周司马”，前文已指出“程伯休父”是“程伯休甫”之误。

据《中国通史·西周的政治制度·官制》介绍（摘要）：

据说西周早期主要辅臣还有“两察”，即卿事察和太史察，执掌国家各项政务。卿士（事）察之下有司徒、司马、司空，号称“三右”也称“三事大夫”，分掌国家氏政、军政和手工业等事务……《周礼·天官》则认为周代的“六卿”分别是天、地、春、夏、秋、冬“六官”，即是冢宰、司徒、宗伯、司马、司寇和司空……司马，掌管王朝军政，组织军队训练、作战，以及军赋征收、运送、保管事务，有“属吏六十员”。另说，师氏是周代的统兵将领，并分左右，领导仆射等武官，还有周王的近卫军虎贲，与虎臣同，也可出征。司马是后世兵部的雏形。

按上述，则可见“司马氏”实际由“师氏”演变而称之，见师氏之后。而“师氏”则始见《史记》的“师尚父”。在《史记·周本纪》篇有述（摘要）：武王弟叔振铎奉陈常车……师尚父牵牲。

《史记·太史公自序》有道：

当周宣王时，失其守而为司马氏。

即说明“以官为氏”是在周宣王时，而并不是原文谓“周程伯休父为周司马，以官为氏。”那么直截了当。至于周宣王时，谁人担任“周司马”一职不详。但，无论是谁，可以断言谁也不及周武王建立周王朝的师氏——师尚父；所以，已经不难判断司马姓氏族的始祖即师尚父之后了。

司徒

原文：“司徒”徵音。赵郡。契为司徒，支子以官为氏。

考释：古时赵郡，在今河北省石家庄南附近一带。原文谓“契为司徒”，纯属以《史记·殷本纪》篇中、又以“史前史”的传说为由。

自从上个世纪 20－30 年代，发掘出殷墟的《卜辞》（即“甲骨文”）后，证实了西周之前并无“司徒”的职称。所以，“司徒”与前文“司马”之官及职称，也可以锁定由西周始了。

司徒，由“司土”发展而来，主要管理王家土地，正如铭文中所云：“命女司土，官司藉田”。除此之外，司徒还有管理山林、川泽和畜牧的职责，甚至还管理八师军队和担任卜官，可谓职能繁杂，其僚属也有约 60 人，但从总体上说类似后世的户部。（见《中国通史·西周官制》）

根据《史记·周本纪》的记载（摘要）：

> 武王为殷初定未集……已命召公释箕子之囚。
>
> 成王在丰，使召公复营洛邑，如武王之意。

《注释》云：

《尚书·召诰》序“成王在丰，欲宅洛邑，使召公先相

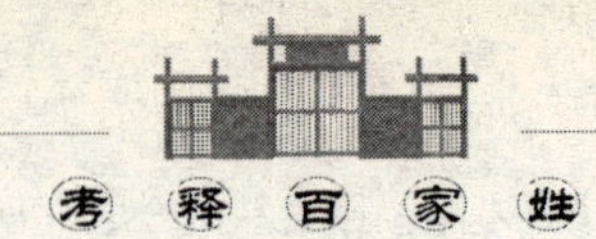

宅”，即此所本。由此可见，“召公”为周武王及周成王时的司徒。

因此，“司徒氏”也一定与“司马氏”一样是以官为氏了，一般均以其“之后”或“支（庶）子”的家族形成之。

因而，司徒姓氏族很可能是召公的支或庶子家族“以（祖）官为氏”而形成的。

附录

姓氏笔画索引

七画

八画

九画

十画

十一画

十二画

十三画

十四画以上

姓氏拼音索引

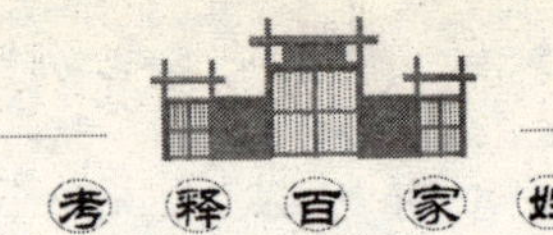

G

H

J

K

L

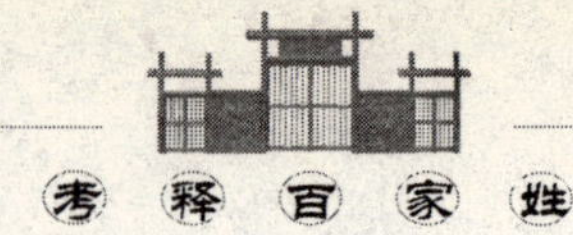

T

W

X

Y

Z

参考文献

喻岳衡. 百家姓·百家姓考略（清·琅琊王相晋升笺注）. 长沙：岳麓书社，1999

刘起釪，林小安，裘锡圭，李零，吴树平等. 全译全注·史记. 天津古籍出版社，1995

梁隆炜. 中国通史. 北京：中国档案出版社，1999

易风. 中国历史年代简表. 北京：文物出版社出版，1994